礼仪金说
LIYIJINSHUO

# 国际礼仪

金正昆 著

北京联合出版公司
Beijing United Publishing Co.,Ltd.

# 目 录

第 1 篇　国际礼仪概述　1
第 2 篇　办理出国手续的你　9
第 3 篇　接受出入境检查的你　19
第 4 篇　乘国际班机的你　29
第 5 篇　乘远洋客轮的你　39
第 6 篇　乘国际列车的你　47
第 7 篇　住宿大饭店的你　55
第 8 篇　海外购物的你　67
第 9 篇　出国留学的你　75
第 10 篇　出国旅游的你　85
第 11 篇　尊重女性的你　95
第 12 篇　遵时守约的你　105
第 13 篇　热情有度的你　115
第 14 篇　维护隐私的你　125
第 15 篇　谦虚得当的你　135
第 16 篇　入乡随俗的你　143
第 17 篇　在日本的你　151
第 18 篇　在韩国的你　161
第 19 篇　在蒙古的你　169

第20篇　在越南的你　179

第21篇　在泰国的你　185

第22篇　在菲律宾的你　193

第23篇　在印度尼西亚的你　199

第24篇　在新加坡的你　205

第25篇　在印度的你　213

第26篇　在以色列的你　221

第27篇　在南非的你　227

第28篇　在美国的你　233

第29篇　在加拿大的你　243

第30篇　在巴西的你　251

第31篇　在英国的你　259

第32篇　在法国的你　267

第33篇　在德国的你　275

第34篇　在意大利的你　285

第35篇　在荷兰的你　293

第36篇　在瑞典的你　299

第37篇　在瑞士的你　305

第38篇　在奥地利的你　311

第39篇　在西班牙的你　317

第40篇　在俄罗斯的你　323

第41篇　在澳大利亚的你　331

第42篇　在新西兰的你　339

后　记　345

# 第1篇
# 国际礼仪概述

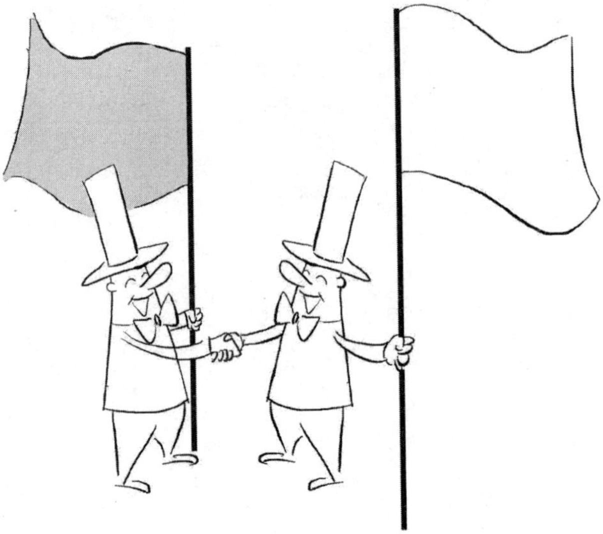

随着近三十年来对外交往的不断深化与加速，我国同世界各国、各地区在政治、经济、文化、教育、科技、体育、卫生等各个方面的友好往来越来越多，越来越广泛，越来越具体。在这种形势之下，越来越多的外国人到中国来，也有越来越多的中国人到外国去。昔日由于闭关锁国所造成的世界不了解中国、中国不了解世界的不正常局面，正在被迅速地改变。

要是说当今中国越来越多的平民百姓现在可以走出国门、走向世界各地，是改革开放带来的一大实惠，丝毫也不过分。因为倒退三十年，人们还在为求得温饱而费尽心机，哪里还会有梦想环游世界的闲情逸致呢！

而今却截然不同了：改革开放使中国民富国强，独立自主的和平外交政策使我国与世界各国、各地区保持着和睦、友好的关系。只要你是一位奉公守法的中华人民共和国公民，只要你有正当充分的理由和一定的物质基础，那么你不但可以睁开眼睛看世界，而且能够"坐地日行八万里，巡天遥看一千河"，不受限制地前往世界上任何一个允许你入境的国家或地区观光、访问、探亲、留学、工作、经商……

不过话说回来，直到现在，仍有不少中国人虽然知道"外面的世界很精彩"，却不曾想象过自己有朝一日能够漫游世界。而更多的人对于办理出国手续、接受出入境检查、乘坐国际班机、住宿大饭店等一系列的程序和衣、食、住、行等等在海外必然遇到的具体问题，知之甚少，于是感到关山难越，只好自动"弃权"。中国过去有句老话，叫做"在家千日好，出门一时难"。这话倒是不假，然而要是一股脑地"知难而退"，且不说会失掉许多浪迹天涯、"万水千山只等闲"的作为现代人的乐趣，久而久之，难免会因孤陋寡闻而夜郎自大，而目光短浅。因此，只要有可能，还是应当多走出国门，去亲身体验、感受一下外面的大千世界。

尽管中国的对外开放已经多年，北京奥运会已经顺利召开，但由于种种主客观因素的制约，普通的中国人与境外人士的交往并不太多。如果要走出国门，远离祖国和亲人，到其他国家或地区去充当人家那里的"老外"，人们往往会遇到一个相同的"难题"，即在国外怎样才能够表现得举止得体，不亢不卑，大方而自然？

想要解答这个问题，其实并不难，简单地说，只要了解一些有关国际礼仪方面的常识，在穿着打扮、言谈话语、举止行为、待人接物等许多令人发怵的问题上，就不会出现大的差错和"闪失"。

所谓国际礼仪,是指中国人在对外交往中所必须遵守的、用以维护自我形象,同时用来对外国友人表示尊重友好的一系列的惯例和形式。它是在继承和发扬我国传统礼仪的基础上,以世界上通行的国际礼仪为核心的。

国际礼仪的基本原则与国人的习惯做法不尽相同,对此国人应当有所认识。自以为是,妄自尊大,不拘小节,我行我素,都有悖于国际礼仪的主旨,既有失自尊,也有辱国格,因而是极其错误的。

举例而言,中国人讲究"关心他人比关心自己为重",只要是有一面之缘,就没有什么不可以问的问题。"你多大年纪呢"、"有没有结婚"、"一个月能够挣多少钱"等等,都是中国人平常司空见惯的聊天话题。而在欧美各国,人们讲究尊重个人的隐私权,讲究个人至上。诸如年龄、婚否、收入等问题均属于个人不愿"广而告之"的秘密,即所谓个人隐私。在那里,一个人要是开口就问他人以上那些问题,是会被视为"没有教养"而令人侧目的。

再比如,中国人与熟人见面,惯于问候对方"你吃饭了没有?"或是"你准备干什么去?"而国际礼仪却告诉我们:此类问候语在国外也使用不得。你要是问西方人"你吃饭了没有?"对方多半会误认为你准备请他吃饭,肯定会以实相告。然而中国人问这话却绝对没有这个意思,要是被外国友人答以"没有吃,我们一起去吧",真可能会下不了台。在另外一些国家,问这样的问题同样会令人不快。在那里,这样问候会被误以为被问候者是否具有能吃饱饭的经济能力,它与"你能吃得饱吗"意思是一样的。知道了这方面的知识,在国外以"你好"或是"早安"、"晚安"问候他人,不仅可以避免误会,减少麻烦,而且合乎国际惯例,使人显得彬彬有礼,我们何乐而不为呢?

凡是曾经出过远门的人都晓得"十里不同风，百里不同俗"。在不同的国家里，风俗习惯也就更加各不相同了。正是这不同民族、不同国家和地区的不同习俗，才使得今日世界显得气象万千、生机勃勃。从某种意义上说，异国他乡所吸引我们的，不正是那里与众不同、独具魅力的风俗习惯和人文景观吗？出国就是去"采风"，即了解其他民族、其他国家和地区与我们所不同的习俗，以开阔我们的视野，增长见识。

**初出国门，要想名副其实地当一个有教养的人，首先就要尊重当地的风俗习惯，这也是确保自己在国外畅行无阻、避免麻烦的最为行之有效的方法。**

在尼泊尔、斯里兰卡、保加利亚、希腊等一些国家里，人们用摇头表示"同意"，用点头表示"反对"，这就是所谓的"点头不算,摇头算"。

这种做法，与我们的习惯正好相反。要是在保加利亚的饭店里面订房间，前台服务员若是用"摇头"来回答你关于"能不能订一个标准间"的询问，他的意思自然是"能"。你要是不了解当地的习俗，吃了亏怪谁呢？

我们一向惯于双手并用来为他人上茶，以表达对对方的敬意。用双手与人相握，也是热情、友好、关怀、敬佩的表示。但是要是到了东南亚、南亚和中东地区的一些国家里，可千万不能照此办理。在这些国家，人们的双手分工不同，而且必须倍守"本份"：右手通常用作干高雅之事，如上饭菜，与人接触；左手则只能干"不洁之事"，如沐浴、上洗手间。如果将两只手的"职责"张冠李戴了，在当地人来看，无疑是失礼之至！

**礼仪显示教养，习俗体现自尊。**

在我们走出国门之前，系统地学习掌握一些有关国际礼仪和海外风俗习惯的常识，不仅今后在世界各国、各地区人民面前能够更好地显示出我们的良好教养，展现出我们中华民族的最佳风采，而且在与世界各国、各地区人民友好交往的过程中，能够恰如其分地向他们表示我们的理解和尊重。

我国古代兵圣孙子在谈及战争时，曾经说过："知己知彼，百战不殆。"其实我们在对外交往中同样也需要"知己知彼"，唯有如此，我们才会真正地做到成竹在胸，举止得体。

简单地说，学习国际礼仪，主要应该注意以下几点：

**首先，中外有别。** 中国与外国的国情不同，各自的礼仪自然大相径庭，因此切不可自以为是，要以不变应万变。

**其次，外外有别。** 目前世界上有近二百个国家，国与国不一样，其具体的礼仪显然不能一概而论。

**最后，相互尊重**。在对外交往中，要尊重别的国家，首先就必须尊重对方的礼仪与习俗。但是，这种尊重必须是相互的。

为了使走出国门的出国人员获得必要的国际礼仪知识，特此编写了本书。它主要分为以下两大部分：其一，主要介绍出国手续的办理，以及与出国有关的衣、食、住、行等方面的礼仪知识。其二，分国别地介绍几个国家的不同礼仪与习俗。倘若本书能够成为你走出国门的指南，并且能够在实践中真正做到对你有所裨益，我们将会深感荣幸。

第 2 篇

# 办理出国手续的你

大家好，在本篇里，我将具体讲述一下有关办理出国手续的礼仪规范。

**不论因公出访还是因私出国，你都会碰上一系列自己十分陌生的事情。**如果凭着自己的勇气，"跟着感觉走"，想当然地去做，而不依照规定和惯例去办，只会举步维艰，南辕北辙，白费时间和气力，甚至一事无成。

**出国之前，应当进行什么样的准备，应该办哪些必要的手续，或许令人颇感困惑，不知如何着手。**

毋庸讳言，出国前做好必要的准备，办齐自己所需要的一切手续。例如，办好护照、签证、出境登记卡、体检证明、"黄皮书"，以及订好国际航班、远洋客轮或国际列车的客票。这的确是一桩比较麻烦而又容不得丝毫疏忽大意的事情。唯有对有关规定和惯例充分了解，才能做到成竹在胸，才会避免周折。

**准备出国，首先应当申请领取用以证明本人国籍与身份的护照。**

所谓护照，乃是由某一个主权国家所颁发给本国公民出入境或是在国外居留、旅行的身份证件。

出国人员不论是在出入国境，还是在国外旅行，都必须随身携带本人护照，以便在有关方面检验时及时出示，证明自己的身份。

从某种意义上讲，护照好似一张通行证，出国时是任何人都不可离之须臾的。

目前，世界各国发放给本国公民的护照种类各不相同，有些国家还以身份证、旅行证、通行证等其他一些类型的证件来替代它。

**我国当前所颁发的护照，共有外交护照、公务护照、普通护照等几种。**

在这其中，普通护照又分为因公普通护照和因私普通护照两种。它们之间的差异，主要在于其使用者的身份有所不同。

按照惯例，外交护照，主要发给具有外交官身份的驻外人员以及担任一定职务的政府工作人员。

公务护照，主要发给因公常驻国外的工作人员和因公临时出国的人员。

因公普通护照，主要发给因公务出国工作或访问的人员。

因私普通护照，则主要发给我国侨民、为办理个人私事出国的人员。

我国公费留学人员以前持因公普通护照出国，现已依照国际惯例改持因私普通护照。

由此可见，出国人员大致可以分为公务出国或因私出国等两大基本类型。

所谓公务出国，是指国家机关、党群组织或企事业单位的工作人员出国访问、考察、调研、洽谈业务。即由国家负责出资，出国的目的是为了工作。对于因公务而出国者来说，办理护照、签证等一系列出国手续，均由自己所在单位或上级单位的国际部门负责，不需要自己出面去外交部和使领馆亲自交涉。

所谓因私出国，即以个人出资的方式，出国去办自己的事情。具体来说，自费留学、探亲访友、受聘就业、出国定居等等，均属于因私出国，因此必须持因私普通护照。

**出国申请表**

无论哪一种护照，其主要内容都包括：姓名、出生年月、出生地、性别、发照日期、有效期限以及持照者本人照片。

我国目前规定：申请人未满16周岁的签发五年期护照，16周岁以上（含16周岁）的签发10年期护照。

下面，主要来介绍一下因私普通护照的办理程序。

目前，因私普通护照由公安部门负责签发，所以你需要它的时候应当向自己所在地的公安部门首先提出申请。

**提出申请时，应同时向公安部门提交一些材料。**它们包括：填写完整、真实、清晰的《中国公民因私出国申请审批表》1份；申请人本人的居民身份证（未满16周岁的申请人可不提交本人的居民身份证）、户口簿原件并提交复印件；符合办理护照要求的申请人近期正面免冠彩色照片三张（其中一张贴在申请表上）。

国家公务员申请护照(含护照变更)时，往往应按组织、人事管理权限和行政隶属关系提交其具体所在单位的意见，其他人员则无需提供其所属工作单位或派出所意见。

按照规定：公安部门将在申请人提出申请之日起的30天以内，做出是否同意发照的答复。得到获准的答复之后，申请人应依照通知所指定的时间与地点，持本人相关证件前往发照机关领取护照。

申请人领到本人护照后，需立即检查一下护照上的有关内容是否正确无误，然后在护照上的签名一栏上签署本人姓名。

对自己的护照应妥为保管，切勿任意涂改。

拿到了护照与出境登记卡，就意味着中国方面业已同意你出国，并将为你提供一切方便。这表明你的出国手续已经办好了1/2。

要想办好另外的一半，即得到你准备前往的国家同意你入境的许可，尚且需要办理签证。

所谓签证，是指一个主权国家的官方机构对于本国或外国公民出入境、过境或居住的许可证明。

它的具体内容，一般包括：签证有效期限、有效次数、停留期限、出入境口岸、偕行人员，等等。

**依照国际惯例，通常应当是持何种护照，发给何种签证。**

但目前也有一些国家规定，可以发给高于或低于护照种类的签证。

根据其具体等级的不同，签

**证通常有外交、公务、普通之分。**

入出国境的签证，有入境、入出境、出入境、过境几种。此外，还有居留签证。有些国家，往往还发放礼遇签证、旅游签证和非移民签证。

签证通常可以直接附在护照之上，也可以附在其他身份证件上面。

如欲前往未与我国建交的国家时，你往往会得到"另纸签证"，它必须与护照同时使用。

申请签证时，应前往自己拟去往的国家所设在北京的驻华大使馆或距自己居住地较近的领事馆，由本人亲自办理。

如果因为语言不通、年高体弱、工作暂时难以脱身，或居住地距使领馆所在地甚远等原因，自己难于亲自出面办理，可委托国际旅行总社、其分支机构或其他有关机构代为办理。

前去办理签证时，通常应同时提供如下几类材料：一是申请人有效的中国护照；二是申请人本人照片若干张；三是依照签证种类所应当出具的证明文件；四是用外文所填写的签证申请表。

在此应当特别指出的是，出国远行，不论乘坐飞机、轮船还是火车，中途经常需要中转。头一次出国而经验缺乏的人，很容易漏办在中途中转于其他国家时必不可少的过境签证。

西欧的一些国家和美国，对过境者检查颇为严格。如若发现过境者没有过境签证，则会将其遣返回始发地，并处以高额罚金。即便持过境签证过境时，也只允许在其境内逗留24小时或一定期限，有的甚至还不准合法过境者走出国际航班候机楼内的中转隔离厅。

**这些国家之所以这样做，据称主要是为了防备外国人"非法入境"。**

有的国家，与我国签订过互免公务签证的协定。持公务护照者入境或过境那里，往往不再需要办理签证。

办理签证，既要准备充分，又应具有耐心。不要害怕被"拒签"。即使遭到"拒签"，只要自己理由充分，在规定期限之后，依旧可以再次申请。只是千万不要私自购买护照，或是假造签证。如果以身试法，只会咎由自取。

我国公民在出国之前，除需要办理护照、签证等出国的主要手续外，有时还需要进行体检，并办理"黄皮书"。

国外的医疗费用极其昂贵，一般人连去诊所看一次牙医都感到承受不起。如果能在出国前体检时发现疾病及其症兆，可以提早采取措施，及时诊治，以防患于未然。

有的国家对患有某些疾病的外国人，明文规定严禁其入境。同样一种疾病，在一个国家可能根本不当一回事，而在另外一个国家则完全有可能被视为能够祸国殃民的洪水猛兽。大到艾滋病、肺结核、"非典"、乙肝、性病，小到脚气，在一些国家都曾被列入外国患者禁止入境的疾病的名单之内。

**所谓"黄皮书"，即预防接种证书。**

为了防止某些严重危及人类健康的疾病在国际间大流行，世界各国大都根据本国实际情况，要求一些入境者必须进行某种疾病的预防接种，并出示相应的预防接种证书。例如，要求其进行防治天花、霍乱、鼠疫、白喉、黄热病的预防接种，等等。

由于疫情的流行与分布不尽相同，各个国家在不同时期对入境者预防接种的要求也有所不同。我国公民在确定出国时间与地点后，应即刻前往卫生部门，咨询自己的目的地与过境地点的传染病分布和卫生检疫制度情况，并准备好相应的"黄皮书"，以供入境或过境检查时出示。

我国出国人员办理接种手续，领取"黄皮书"，应前往指定的有关省、市的卫生防疫站，并且按规定程序办理，否则无效。

即便已经身在国外，也应当时刻不忘预防疾病，特别要提防传染性疾病。不要乱吃东西，或无故在公共场所停留时间过久。

前往热带地区，最好身穿长衣长裤和厚实的鞋袜，以防蚊虫叮咬。不要轻易在池塘里洗澡或饮用不清洁的生水，以防止得血吸虫病和疟疾。

如果你单身在国外行动时，最好随身带一张个人的健康状况卡片，上书自己的血型、病史、药品过敏情况以及与亲友联络的方式等几项内容，并把它置于醒目之处，以应付意外。不要以为这样做不吉利，其实以备万一才是最重要的。

近些年以来，在我国与周边国家的边境地区，允许边民进行互市、小额贸易，并允许边境双方从事民间经济、技术、劳务合作以及其他形式的地方性经济交往，这就是人们通常所说的边境贸易。

当前，我国政府规定的边境贸易原则是"自找资源，自找销路，自行谈判，自行平衡，自负盈亏"。国家对边境城镇与接壤国家边境城镇之间贸易以及边民互市贸易，采取了许多具体的措施，并给予了一

定的优惠和便利。

内地人士前往边境地区从事边境贸易，免不了要与外国商人打交道。在一般情况下，有以下几个方面应当加以注意：

其一，应首先前往单位所在地或居住地的公安部门，办理边境通行证。不然的话，将会在边境地区寸步难行。有必要在前往与自己有商务往来的周边国家之前，按照规定办理合法手续，切不可无法无天、贸然行事。

其二，各边境地区人民政府对边境贸易中不得交易、出售的物品，均有明确规定，并制定了专门的目录以供参照。对此应严格遵守，绝不可利欲熏心，进行违法、走私活动。

其三，应在自己从事边境贸易的所在地的工商行政机关申报登记自己的边贸交易活动，并求得指导和监督。同时，还应当及时做税务登记，防止偷税、漏税。

做好上述方面的准备，并且奉公守法，你就一定会有所获益！

第 3 篇
接受出入境检查的你

大家好,在这一篇里,我将具体介绍一下接受出入境检查时的注意事项与礼仪规范。

易卉小姐平常身体还算不错,只是时不时有点儿胃口欠佳。所以当她前往美国探访亲友时,像往常一样随手朝旅行箱里塞了几大盒用以开胃的中药大山楂丸。然而到达目的地,通过机场海关时,易小姐的大山楂丸却引起了海关关员的高度注意。大约对方从未见识过中国的中药丸儿是何模样,也许大山楂丸的那副又黑又粘又酸的尊容与美国海关严格查禁的违禁物品有点儿相似,反正对方不仅又看又嗅,对大山楂丸一一开盒检查,还在揣摩良久之后,把它当鸦片看了。于是,易小姐被马上带离现场,以便进一步调查。

这当然只是一场虚惊,易小姐最后当然也被放行了,但是事情闹到这个地步,以致发生了不愉快,易小姐本人也是有责任的。她的责任主要在于,在初出国门之前,对于出入境检查的有关程序与内容一无所知。

目前,任何人出入一个主权国家的国境,都会受到该国按照本国有关规定,由有关部门负责的在出入境地点所进行的例行检查。这就是人们所说的出入境检查。它有时也被称为入出境检查。

对过往本国国境的人员实施出入境检查，是一个主权国家维护本国独立、主权、社会安定和自身尊严的必要措施。世界各国检查的项目、内容和程序或许有所不同，但在严格实施出入境检查这一点上，却是概莫能外。

根据国际惯例，各国为过往人员办理出入境手续的部门一般都设在国际机场、火车站、轮船码头等经常有各类人员出入境或过境的地点。

针对出入境人员所进行的例行检查的具体项项目，主要包括边防检查、海关检查、安全检查以及卫生检疫。

**首先，谈谈边防检查。**

目前，边防检查大多由各国移民局、外侨警察局或边防警察局负责进行。边防检查的主要内容，则是要求出入境者填写出入境登记卡，并交验护照与签证。

入境卡一般在飞机上就会发给入境者，并要求其在飞机上提前

填好。它的内容大致有：航班号、自何处来、姓名全称、出生日期、出生地点、本人性别、现在的职业、国籍、在逗留国家的地址、家庭地址、护照号码、本人生活费用由何人负责提供、本人亲笔签字，等等。

出境卡的具体内容，与入境卡基本相似，只是有的国家并不要求出境者填写出境卡。

尽管许多国家对过往人员特别是过境者，在签证上附加了种种极为严格的限制，但也有一些国家准许过境者免办过境签证。过境者如果愿意，便可将本人护照留在边防检查站。领取过境卡之后，就可以离开过境地点的边防检查站，前往市内参观游览。在指定期限内按时返回，凭过境卡就可以在边防检查站换回本人护照了。

**其次，谈谈海关检查。**

所谓海关，是指各国特设的对出入境物品进行检查，并按照本国规定征收关税的国家机关。

出入境人员在接受海关检查时，一般只会被问及有无需要按规定申报的物品，然后填写一下自己携带物品出入境的申报单。只有在必要之时，海关才会要求出入境者开箱接受海关关员的核实和检查。凡持外交护照的出入境人员，一般不需要接受海关的检查，因为他们根据国际惯例享有外交特权与豁免。

世界各国海关检查的严格程度往往有所不同，对于出入境物品管理的规定也不完全一样。

一般而言，各国对香烟、酒类、硬通货与本国货币等物品，都实行限额放行。对文物、武器、毒品、动植物等等，大都列为违禁品。非经特许，不准出入本国国境。

有的国家,如日本,对于动物和植物的出入境实行着严格的管制,哪怕是一个水果通常也不准入境。如果你乘坐着一艘远洋客轮正在驶往日本,那么一定要记住:别指望带什么"珍品",像是在日本少见的中国哈密瓜之类,别打算带去给在日本的亲友品尝。而且在船抵达日本的港口前,你还得放开肚皮把自己剩余的水果一扫而光,否则就只能把它们投入大海去喂鱼了。

患有慢性病需经常服药者,在携带药品出国时,一定要事先了解清楚其具体成分如何。目前,不少国家的海关对入境药品一律实行严格检查。万一自己带的药品与毒品有涉,那就麻烦了。携带中成药出入境时,亦应特别注意类似的问题。

还有一些国家,对过往人员出入境时随身携带的黄金、白金、白银等贵金属和硬通货在数额上也有具体的规定。确定出国的目的地以及过境地点之后,对当地海关的有关规定事先做到充分了解,才最为妥当。

就拿我国来说,内容涉及国家秘密的或不准出口的手稿、印刷品、胶卷、照片、唱片、影片、录音带、录像带、激光视盘、计算机存储介质及其他物品,珍贵文物及其他禁止出境的文物,濒危的和珍贵的动物、植物(均含标本)及其种子和繁殖材料,一律不准携带出境。

各种武器、弹药和爆炸物品、伪造货币及其伪造的有价证券,对我国政治、经济、文化、道德有害的印刷品、胶卷、照片、唱片、影片、录音带、录像带、激光视盘、计算机存储介质及其他物品,各种烈性毒药,鸦片、吗啡、海洛因、大麻以及其他能使人成瘾的麻醉品、精神药物,有碍人畜健康的、来自疫区的以及其他能传播疾病的食品、药品或其他物品，均为中华人民共和国所禁止入境。

应当强调的是，接受各国海关检查时，既要按照规定避免携带违禁品，并如实申报自己携带的各类物品，又要摒弃侥幸冒险的心理，严格遵守各国法律。如果非法私带走私品、违禁品公然"闯关"，无异于搬起石头打自己的脚，自讨苦吃。

在海关办理过关手续时，能独善其身就不错了，千万不要在此时此刻助人为乐，替不熟悉的人带东西过关。有的贩毒分子就是这样利用人们乐善好施的心理铤而走险的。在许多国家，对携带一定数量毒品"闯关"的人，会依法严惩不贷，甚至会处以极刑。故此不可不慎。

**再次，谈谈安全检查。**

所谓安全检查，在此是指各国旨在防止某些恐怖分子或恐怖组织秘密携带武器、凶器、弹药、爆炸物、剧毒物以及其他危险品，以武装、暴力或恫吓的方式劫持飞机、轮船、火车，而在过往人

员出入境时，特别是在其上下飞机的前后，按规定所进行的例行检查。

安全检查的目的，是为了保障出入境人员的人身安全不受伤害或威胁，因此被检查者应自觉予以配合。

态度恶劣，不服检查，恶语相加，以检查人员侮辱了自己的人格为由无理取闹，都是不够理智的。明知故犯，甚至有意恶作剧，打算测试一下对方安全检查仪器的灵敏度，如同公然玩火一样，也是不会得到原谅的。

各国对出入境人员进行安全检查的方法不尽一致，有的单纯使用一种方法，有的多种方法并用，有的则是对一般人员和受到怀疑的人员分别采用不同的方法。

具体而言，进行安全检查的方法基本上有：对出入境人员搜身，使用磁性探测仪器对其近身检查，要求出入境人员只身通过装有特种仪器的安全门；对出入境人员随身携带的物品进行触摸检查、开箱检查，或要求将其通过红外线透视仪器接受检查；等等。

在接受此类例行检查时，你最好事先取出自己衣袋里或身上的手表、钢笔、钥匙、徽章之类的金属物品，交由安全检查人员先暂时搁置在一旁，以免引起安全检查仪器"误判"报警。检查完毕后，可再去取回以上物品。

**最后，谈谈卫生检疫。**

所谓卫生检疫，简而言之就是过往人员在出入境时，应向当地国家的卫生检疫部门交验自己的预防接种证书，即"黄皮书"，以供对方检查。

对出入境人员实行严格的卫生检疫，是各国为防止鼠疫、霍乱、黄热病等国际间传染病的流行蔓延而采取的一项重要措施。由于疫情在国际间分布的不同，不同国家在不同时期对预防接种的具体要求并不相同，但也有许多共同之点。例如，各国公认：牛痘自初种后8天，复种后当日起，3年以内有效。预防霍乱，自接种后6天起，半年之内有效。预防黄热病，自接种后10天起，10年之内有效。

有的国家有些时候对出入境人员免检"黄皮书"，另外一些时候却对来自某些特定地区的出入境人员，或是某些流行的疾病，检查特别严格。如果发现过往人员未按要求进行必要的预防接种，会立刻采取禁止入境、驱逐出境、实行隔离、强行接种等措施。

对不熟悉出入境手续办理的人来讲，有以下几个问题尤为值得注意：

其一，为了避免意外和周折，最好选乘已与我国建交的国家为过境地点的飞机、客轮或列车。这样就可以不用签证，不下飞机、客轮或列车，而直接过境。

其二，抵达目的地前，可在飞机、客轮、列车上填好由有关方面代发的海关申报单，以节省时间。持外交护照者则不必预先填写。

其三，抵达目的地后，应手持本人护照与"黄皮书"，在边防检查站排队，首先办理入境手续，并填写入境卡。通过边防检查后，方可取回交付托运的行李，前往海关办理过关手续。

第 4 篇

# 乘国际班机的你

大家好，本篇我们来谈谈有关乘坐国际航班的礼仪。

出国旅行时，飞机是人们首选的交通工具。它的高速和舒适，可以使人免除不少辛苦。然而当你初次乘坐国际班机之前，是非常有必要对它加以了解的。

**首先，我们来谈谈登机前的具体准备。**

购买国际班机的飞机票，是出国人员出国前的最后一道手续，也直接关系着你自己是否能够如期成行。

出国人员在国内购买国际航班的机票时，有时需交验自己的护照。购买国际航班的机票，需要提前一段时间前去。买好机票后，应当场检查、核实飞机的日期、航班以及目的地是否正确。一般的飞机票上都含有下述内容：旅客姓名，途经的城市与目的地，座舱的等级，机票的转换，票联和订座情况。因机票上注明本人的姓名，故不能自行转让。

许多国家的机票在订座以后，可以自由地改乘别的航班，但通常打折扣购买的特价机票则不得随意换乘航班。若非电子机票，飞机的机票上常常有许多张票联，中转一次飞机就使用一联。未使用的票联，由机场售票处依据里程的多少决定是否退款。在出发之前，应即时关注自己的行程，最好起飞前与航空公司联系确认自己的行程及其预订的座位。

确认机上的座位时，可直接前往售票处办理，可以打电话联系，也可以委托自己住宿的饭店的总服务台代为办理。

有的飞机票上，对于订座情况往往有以下三种不同的表示方法：

**其一**，是用"OK"表示座位已得到确认。只有注有"OK"的机票，才是搭乘飞机的"通行证"。

**其二**，是用"RQ"表示已预订机座，但尚未确认。凡属此种情况者，只有在得到确认后，机座才有效。

**其三**，是用"OPEN"表示未订机座。

在购买机票的同时，最好为自己同时购买好乘机保险。这样做，对自己有利，没有什么不吉利的，也多花不了几个钱。

## 机票预订

要想在乘坐国际班机出国旅行时省时、省力、省钱，在购买机票之前就应当根据自己的实际情况，选择一条方便、合理、经济的航线。

国外的航空公司竞争激烈，机票的价格与服务的质量往往相去甚远。有可能的话，应选择乘坐口碑较好的航空公司的班机。

有些航空公司为了吸引顾客，往往会给予顾客以购票的折扣优惠。还有的航空公司则会推出价格十分优惠的往返机票。这些都是可以予以考虑的。

若是为了缩短旅程，节省时间，那么你就应当尽可能地选乘直达目的地的班机，或是乘坐过境停留次数较少的班机。在人地两生和语言不通的情况下，应尽量避免在国外中转换乘飞机。万不得已的话，也要尽可能地减少中转换乘飞机的次数。

需要中转换乘的话，应尽量选择好中转地点，并使自己在适当的时间内得以换乘其他班机。此处所谓"适当的时间"，至少要保证有二至四小时左右。这段时间充足的话，就能够比较轻松地办好中转飞机所需的手续。

中转飞机的地点最好选择在社会秩序安定、远离战火骚扰的、著名的国际航空港所在的城市。那样做，又安全，又可以在过往的飞机班次中有比较充分的选择。

有不少国家准许过境者在过境时申请短期临时签证，以便作短期逗留。例如，马来西亚就规定:中国人在乘坐飞机于吉隆坡机场过境时，可在机场申请到72小时的临时签证，以便进入马来西亚访问。对于时间充裕的人来说，这显然不是一个坏消息。

一些国家规定：在本国境内的机场登机起飞或是过境的乘客，应向该国交纳数额不等的类似我国机场征收的"机场建设费"的"起飞税"，这笔钱肯定是不得不花的。在有的国家里，它已经在你购买机票时被一并收取了。

乘坐飞机出入境时，你所携带的物品应当少而精。涉嫌有碍飞行安全的物品，各国、各地区所普遍禁止入境的物品，当然不可以携带。

一般而言，你的行李要尽可能地随机托运。在正常情况下，随机托运的行李头等舱40公斤、公务舱30公斤、经济舱20公斤。在此定额以内免费，超过的部分则需支付超重费。

在交付随机托运的行李上，除按规定注明本人姓名及目的地外，还应加上明显标记，以便认领方便。手提登机的物品越少越好，各国航空公司大都规定它不能过长、过大，并且不得超过5公斤。

此外还需注意的是，当前世界各国安全检查的具体标准日趋严格，尤其对于液体和易燃、易爆品的检查极其严格。

乘坐飞机前，应详细了解各国有关安全检查的具体规定。一定要提前将液体及其他禁止随身携带的物品放在托运行李中，以免给自己带来不必要的损失。

需要换乘飞机时，应事先在托运的行李上注明"经……至……"，并在中转机场查询一下自己的行李是否已被转到自己换乘的飞机上。在目的地下飞机后，万一找不到自己交付托运的行李，不必着急，应请机场管理人员代为查找。万一找不到了，航空公司将会照章赔偿。

飞机在飞行途中降落，大半是为加油。乘客可以在机舱内闭目养

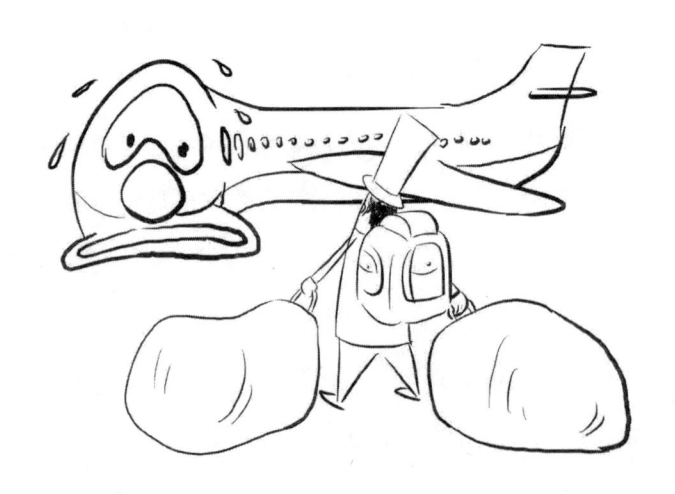

神,也可以到"过境客人休息室"休息一下,或是去机场的"免税商店"逛一逛。各国机场为方便乘客,都设立了外币兑换处。只不过"免税商店"的商品并不一定便宜,你可不要过于贪心了。走出机舱休息时,要问明并记好飞机再度起飞的时间,随身带好贵重物品,同时不要把机票搞丢了。

**其次,我们来谈谈乘坐国际航班时的基本要求。**

除了以上乘坐飞机的常识需要详细了解之外,在具体乘坐国际班机时,你还必须讲文明、守规范。

登机时,必须按规定将你本人的证件、机票交给航空公司查验,并且接受必要的安全检查。

上下飞机时,均有空乘人员站立于机舱门口迎送乘客。他们会向每一位通过舱门的乘客热情问候,或是报以友好的微笑。此时此刻,作为乘客应对他们点头致意,或是致以问候。此刻如果默默无语、毫无反应,都是不礼貌的。

在国际班机上通常实行的是对号入座,所以无论如何也不要去抢占不属于自己的座位。哪怕是头等舱里空无一人,购买经济舱座位的人也不会被允许去"替补"。实际上当飞机飞行在万里高空时,机内所有的座位视野都是一样的:除了一片白茫茫的云海,其他什么也看不见。希望坐得距离舱门近一点是完全没有必要的,因为在飞机的高速飞行之中谁也无法指望离开机舱。如果在机舱内感到闷热,可以打开位于自己座位上方的通风阀吹吹风,也可以解开外衣或是把它脱下来。不过无论如何不要脱得只剩下背心和短裤,更不要过于"暴露"。

需要更换衣服,一定要去洗手间,切忌当众表演。

在飞机上就座的姿势也要好自为之,多加检点,不要左倚右靠、前踏后仰，妨碍他人的休息。不要只图自己舒服而把腿脚高高地翘到其他人的"领域"内，或是空闲的座位上。

长时间乘坐飞机时，换着拖鞋是许可的。但一定注意不要因此而产生异味，造成"空气污染"。要是闲得无聊抓痒痒、数脚丫儿玩，就太不像话了。

在飞机上对待任何人都要一视同仁、以礼相待，不要表现得嫌贫爱富，对中国人和外国人的态度大相径庭。

如果不小心碰着了其他乘客，应马上道歉。当别人主动向自己打招呼或者想找自己攀谈时，若非极度疲乏，就应当友好地与之应对。要是自己当时正打算休息而不想交谈，那么也应当向对方说明原因，并表示歉意。在机舱里聊天时，声音不要过高。尤其是当周围其他乘客闭目养神或阅读书报时，注意不要大声喧哗。假如自己带了年幼无知的孩子，务必要管教好他。不要让他放声大哭，或随便跑动。

对待坐在自己身边的外籍乘客应彬彬有礼，落落大方。不要背地

里随心所欲地跟自己的同伴取笑或模仿人家的言行，不要认为对方都听不懂、看不明你的意思，别把人家当"玩具"看待。对异性，特别是对年轻的外籍女士，一定要讲究待人接物的分寸。不要一见如故，过度热情，或是紧紧盯住对方看个没完，时不时发出一两声令人莫名其妙的笑声。如此种种，都是极其失礼的。

在机上与别人进行交谈时，有许多具体话题都可涉及，唯独要避开那些可能会吓着别人的话题。有关劫机、坠机等空难事件，在家里同亲朋好友议论一下或许还可以，但在飞行中谈论起它来却完全有可能把一位心理脆弱的人吓得半死。在不少国家，人们对此话题讳莫如深，认为它是十分不吉利的。

从总体上讲，国际班机虽然行程漫长，但却比较方便舒适，飞机上提供给乘客的服务项目也比较多。起飞后，空乘人员会发给每位乘客一副耳机，它可以用来收听收看机上提供的收音和录像节目。要是想休息一下，可向空乘人员索要靠垫和小毛毯。机上的餐饮是免费供应的，乘客只要指点一下自己需要的品种就可以了。只是享用机上的免费餐饮需量力而行，不要欲壑难填，恨不能一下子吃足半个月东西，或想带点儿走。

对飞机上的所有公用物品都要倍加爱惜。座椅背兜中的东西、洗手间里的卫生用品以及借阅的书刊等等，都不得随意带走。

不要在飞机上随地吐痰，特别要记住不能吸烟。有的国家的法律明确规定：在本国领空或飞机上禁烟。因此不可冒然以身试法，因小失大。

初次乘飞机没准会晕机呕吐，所以上飞机后要尽快弄清楚卫生袋的位置，以便急需时使用。用过的卫生袋不要乱扔乱藏，把它直接交给空乘人员就行了。

　　空中小姐们大多年轻漂亮,服务于国际航班上的空中小姐尤其是如此。对她们热情周到的服务要表示感谢,并要认真地听从她们的各项建议。跟她们讲话特别是要求她们为自己服务时,一定要文明礼貌,不要无理纠缠或是借故挑刺。

　　没有特殊的情况,不要乱按座位旁边的按钮呼叫空乘人员。不要随意触动机上不明用途的设施和物品,如氧气罩、救生背心、灭火装置、安全设施、紧急出口阀门,等等。一些国家对无故按动飞机紧急出口阀门的人,是要依法罚款或判处徒刑的。

　　如果不凑巧遇到自己乘坐的国际班机因故误点,或是临时改降、迫降在其他机场,不必惊慌失措,而需要保持镇定,并且同机组人员进行合作。要是你动不动就拿空中小姐发火撒气,不是缺少教养,就是一个懦夫。

　　飞机飞行期间,尽量不要走动。降落之前与起飞之初一样,更不能离开座位、整理东西,或是站着东张西望。应当按要求系好安全带,并把座椅放直。

　　下飞机后办完入境手续,即可凭行李牌去领取自己交付托运的行李。各国的国际机场都有专用的行李传送带和供乘客使用的手推车。要请行李员帮忙亦可,但通常需要付给对方小费。

第5篇

# 乘远洋客轮的你

大家好，今天我们将探讨一下乘坐远洋客轮的礼仪。

李卉是国内一家大公司的公关经理，可以称得上见多识广，可是在她初次出国时却由于少见多怪而出过一次洋相。那次李小姐因公去英国出差，在英国办完事之后还要顺访法国，为了饱览异域的旖旎风光，李小姐遂乘船横跨英吉利海峡前往法国。

船到法国，李小姐一个人拎着皮箱排着队正要走下又高又陡的舷梯，不曾想身后的一位英国绅士却从她身后挤上来，抢先走在她前面，气得李小姐用英语喊了一声："真不像一位绅士！"然而后来李小姐与西方人接触多了，才知道当时是她自己露"怯"了，因为自己误解了那位想帮助一下自己的英国绅士的好意。

此话从何说起呢？原来在国外，人们尽管在上下客轮时要有秩序地排队，不能抢先拥挤。但是在下船时，男士一般需要走在女士前面。这是因为船高梯陡，通常爱穿高跟鞋的女士在走下过于狭窄的舷梯时，难免提心吊胆。男士此

刻应当走在女士前面，是为了身后的女士万一失足发生意外，他可以设法加以保护，也是提防自己一旦滑倒时不至于撞倒前面的女士。由此可见，乘坐客轮是有很多讲究的。

较之乘坐飞机、火车而言，在出国旅行时乘坐客轮更安全、舒适，而且有较大的自由。只要时间充裕，选择客轮作为自己的交通工具，不失为明智之举。当客轮慢慢地行驶在异域的江河湖海之上时，可以仔细地品味四下的景致，可以朝看海鸥纷飞、暮看落日晚霞。这种令人心旷神怡、富有诗情画意的经历，是多么值得尝试一下啊！

如果你决定在出国时，或在域外旅行的某一阶段搭乘客轮的话，以下礼仪与规则都是你所必须认真关注的。

**首先，要选择好航线。**

在此方面，航运公司的声誉、客轮的票价、航线的安全状况、沿岸的景色、海洋气候变化等等，都是不应忽略的问题。

出国人员可以通过获得国内代理资质的各种船舶代理公司购买国际航程的船票。

出国旅客搭载的远洋船舶，基本上分为旅游轮，客轮，客货两用轮及搭载零星旅客的货轮等几种。对普通的国内旅客而言，高档豪华的旅游轮自然无比舒适，但因其价格不菲，故通常并非是首选。一般情况下，人们乘坐的大多是经济实惠的普通客轮或客货两用轮。

出国前购买远洋客轮的船票，必须持有本人护照、出入境签证以及其他有效的旅行证件。在国外购买船票，若非跨国出境，一般只要持有可兑换的外汇付款即可，并不需要其他证件。但随身携带自己的护照，以有备无患，则是非常必要的。

远洋客轮的船票票面内容有起止地、船名、船次日期、几等舱等等，它仅限于乘坐与船名、航次日期相同的同一班轮，而且只限于本人使用，不可以涂改和转让，否则无效。

需要特别强调一下的是：一旦误船，通常船票即告作废，而且不退票款。所以乘船一定要守时，登船要有一定的"提前量"。因为有的国家规定：旅客在乘船出境前应留下数目不等的"买路钱"，即需要交纳所谓"离境税"。这肯定要耽误一定的时间。再加上还要办理其他事宜，不提前一些时间到达码头，不在时间上充分留有余地，往往是得不偿失的。

登船之前，旅客可以凭客票在行李托运处办理大件物品的托运手续。应当尽可能把自己的行李交付托运，使自己得以轻装前进。不过一定要了解清楚各国有关外籍旅客出入境携带物品的规定。不要携带走私品、危险品以及珍贵文物等违禁物品。贵重之物，如摄像机、笔记本电脑、金银珠宝等，则最好随身携带，因为此类物品若在托运中丢失或损失，各国轮船公司通常是不承担赔偿责任的。

**其次，要约束自己在船上的个人行为。**

客轮上的舱位是分有等级的，越是上层的舱位档次也就越高。在吃水线以下的舱位，因为难于得到自然采光和通风，而且比较颠簸，所以档次最低。

正规的旅游轮、客轮、客货两用轮大体上都设有特等舱、一等舱、二等舱、三等舱、四等舱、五等舱等几种档次不同的舱位，并实行一人一室或一人一个铺位。它们均对号"入座"，因此旅客上船时应自觉地按顺序排队，没有必要争先恐后地去抢"好位置"。

客轮的船体越大，扶梯往往就越陡。因此上船时要与他人保持必要的间隔，并自己多多留点儿神。

有时你或许会买到客轮上的散席票或是搭载零星旅客的货轮的票，那么上船后则应听从船上工作人员对自己舱位的安排，不要不知趣地挑三捡四，或随意挪动自己的位置。

没有乘坐大型远洋客轮经历的人，往往一上船就喜欢到处去串一串，看一看，长一长见识。届时请注意不要跑到特等舱、一等舱、二等舱等船上设施较好的客房单间去探头探脑，随便乱逛。

船上大凡标明"请旅客止步"之处，多为船员工作或休息的场所，不要轻易去打扰人家。船上各式各样的电路、蒸汽开关或安全门多得不可胜数，千万不要随意触动。

带小孩子的乘客千万要注意孩子的安全。船在漫无边际的大海上航行时，一定要管住孩子，不要让他的好奇心自由地"挥发"，到处跑来跑去。不要大声呵斥他，打骂他，也不要准许他随处大小便。

请您务必记住：在船上最好不要吸烟！

在船上与人共用的狭小客房里吸烟，对其他人是很不礼貌的，而且躺在床铺上吸烟时万一睡着了，还容易引起火灾。打算吸烟的话，应去专设的吸烟室，或是到甲板上找个无人的地方。如果船上规定禁止吸烟，就要自觉地克制自己的烟瘾，不要犯禁。

有的人在乘船远航时会不同程度地晕船。如果轻度晕船，可以实行"自助"，自己吃一点晕海宁或咸菜，然后卧床休息一下。如果晕得非常厉

害,应及时去找船上的医生。要是忍不住想吐了,最好立刻去洗手间,不要吐在舱内或是甲板上,免得招人讨厌。

在客轮的长途航行中难免会感到孤独寂寞,但也不要任意"找乐",因自己无知而招惹麻烦。

举例来讲,白天站在甲板上舞动手帕或花衣服,会被距离较远的其他船只误认为打旗语;晚上拿着手电筒乱摇乱晃,则有可能被当成灯光信号。

雾天海上的能见度极低,船员们有时需要凭借耳朵来听清周围的动静。此时旅客不宜大声喧哗,也不能在甲板上听收音机、录音机。

**最后,要得体地与其他人进行交际。**

在船上,一定要尊重船员,尤其要尊重船长。

如自己住宿的客房里还住有其他乘客,因双方可能共处一段较长的时间,因此应与之友好相处。可以主动与对方打招呼、问好,可以主动向对方介绍一下自己的国籍与姓名,也可以在对方愿意的情况下抽空与之聊聊天。如果对方邀自己同去甲板上散步或去娱乐场所游玩,可以答应。自己也可以邀对方同去,但应当两厢情愿,不要硬逼别人去做不爱做的事情。

不要自认为与同住一室的人"知己"了,就可以在事先不征得其同意的情况下翻动人家的东西。不要盯视对方在箱里取东西,换衣服。

悄悄地观察别人的睡相,并拿其开玩笑,自然也不可取。

在自己单独使用的客房里,通常不宜接待陌生的异性。

欲往熟人住宿的其他房间访问,最好事先约定,不要不约而至或不邀而至。进门前不要忘了敲门或按门铃,以给室内之人一个"预备"时间。

行走于走廊或甲板之上,步伐不要过大过急,否则会给人以横冲直撞、没有教养的感觉。

在外轮上,可能经常会碰见一些外国旅客不同程度地暴露着身体,躺在甲板上毫不避人地晒日光浴。遇上这类"西洋景",记住不要围观,更不要立在远处悄悄地对人家指指点点。外国人对陌生人的指点和窥视,是当作无礼与挑衅看待的。

大型的远洋客轮宛如一座海上的城市。它的服务设施齐备,餐厅、酒吧、阅览室、娱乐室、歌舞厅、电影录像厅、健身房、游泳池俱全。去这些地方消闲,依旧需要检点自己的言行。

例如,在餐厅找座,看到空位后,不要去了就坐。应当首先有礼貌地向在座的其他人问好,得到允许后才能入座。

就餐前,往往应换着较为正式的服装。

经过舱口或漫步于甲板之上,不要与人争抢道路。遇上他人对自己礼让三先,要对其道谢。不要在舱内走廊上或甲板上忘我地放歌,或旁若无人地大声说笑。与人在船上忘乎所以地四处追逐,虽然开心,却会影响他人的休闲。

远航的客轮经常要在途中靠岸停泊,以增加给养,补充燃料。途中是否准许旅客登岸观光,轮船公司与有关国家自有规定,旅客必须遵守,而不可擅自行事。

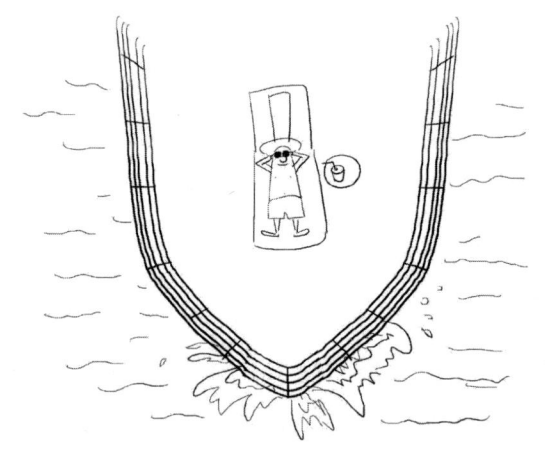

船到码头,亲人在望,急于下船的心情是可以理解的。但仍然要拿好行李,有秩序地排队下船,不要抢先挤撞了他人。对于远航者来讲,善始与善终同样重要。

## 第6篇
## 乘国际列车的你

大家好，本篇我将给大家介绍一下乘坐国际列车的礼仪之要。

前往我国的近邻如朝鲜、越南，或者是前往俄罗斯、其他东欧各国，乘坐国际列车大概是最为经济实惠的一种选择。

与我们在国内乘坐火车时有所不同，乘坐国际列车是有不少特殊讲究的。其中的许多问题，均与国际礼仪直接有关。

**首先，是购买车票与选择具体的车次。**

欲在出境时乘坐国际列车，国内人士均须凭本人护照、签证等证件办理购买车票。

购买国际列车的车票依据前往的目的地不同，大体上应于开车前的一星期至半个月之前提前购买。

买好车票之后，应按照车票上指定的日期、车次、车站、车厢号上车。

对于出境旅客携带与托运的行李的种类与重量，铁路方面均有专门规定。最好提前了解一下，并遵守规定，以防到时上不了车而"抓瞎"。

由于国际列车行驶速度较慢，比如说，北京至朝鲜首都平壤，需要运行1天；北京至俄罗斯首都莫斯科，需要运行5天；北京至芬兰首都赫尔辛基，需要运行7天；北京至罗马尼亚首都布加勒斯特，需要运行8天。加上自我国出境的国际列车多驶往较为寒冷的地区，因此自国内上车前最好带上可供消闲解闷的书刊、扑克、象棋、CD机等娱乐用品，并带足可以御寒的衣物。

在国外购买国际列车的车票，或是购买所在国国内列车的车票，不大可能遇上国内常常会遇上的"购票难"的问题。只要在开车前到达火车站，交验护照、掏出足够的购票款，就可以买票上车了。

不过国外的火车有旅游专列、长途列车、短途列车之分，车厢座位也有一等车厢与二等车厢之别。等级不同的车厢之间，往往票价悬殊甚大。

**其次，是在列车上的表现**。

登上火车时，应自觉地排队对号入座，不要去其他车厢抢占本不属于自己的坐席。

如携带较多行李进行长途旅行，应与同车厢的其他乘客相互照顾，合理地使用大家共用的行李架，不要蛮横无理地予以独霸。需要站在座席上或桌子上安放行李的话，事先要脱下鞋子。若想要把自己行李放在他人行李之上，应当求得其主人的同意。在放置行李的过程中得到了他人的帮助，要向对方表示谢意。

进入自己所在的包厢后，不必非向业已在座的其他人作自我介绍不可，客客气气地向自己的近邻点头致意就可以了。

同行一路之后，临别之际应向自己身旁的其他乘客道一声再见。但是一般情况下不宜要求对方与自己互留联络地址。

在火车上与其他乘客交谈固然可以，但不宜因此而妨碍其他人。假如人家正在阅读书刊或闭目养神，就不该凑上去没话找话，或是自言自语，或与另外的人大声说笑。

与车上萍水相逢的外籍乘客交谈，不要信口开河，失礼放肆。不要轻易涉及双方具体的私人情况、他国的内政或宗教信仰，议论无聊下流的话题，谈论触目惊心的车祸则更不足取。

有心加入邻座的交谈或娱乐活动，要先征得人家的同意，不要不长眼色地过去"插一杠子"，让人家不高兴。也不要悄悄挨过去与他人"同看"人家正在阅读的书刊。待对方看完了，通常才可以再去借阅。

国外的列车上都有空调设备，冬暖夏凉，所以在旅途中不必担心挨冷挨热。然而正是因为车上有空调，所以包厢里空气不易流通，最好不要在包厢里吃气味刺鼻的食物。

自己所制造的果皮纸屑，千万不要随手乱丢。弃之窗外会影响到铁道沿线的自然环境，是非常非常不合适的。

按惯例，国际列车的车厢往往分为准许吸烟和禁止吸烟的两种，并且分别设有醒目的专门标志。切莫一犯烟瘾就对车上"禁止吸烟"的告示熟视无睹。许多国家法律规定对违犯者将处以高额罚金，或是判处入狱坐牢。

即使在准许吸烟的车厢里也要少吸烟,并且不可以让烟给外国人。

现在人们已经形成了这种共识:在公共场合吸烟与谋害他人的健康无异,你何必逆潮流而行呢?国内某些人误以为吸烟是自己潇洒浪漫的一种标记,殊不知这种看法早就过时了。

在车上尽量不要穿着方面过于"精简",最好不要穿拖鞋与短裤、超短裙上车。

有些朋友一上火车就喜欢脱下鞋子为脚丫子放风透气,甚至将大腿横到对面的坐席上去,肆无忌惮地污染他人的嗅觉和视觉。这类举止,显然是很不文明的。

外出返回包厢,如遇同行者正宽衣就寝,应当走到列车的走廊上小候片刻,以为回避。

不要去注意其他人睡前的准备和睡相。自己准备就寝时,应背向其他乘客。日间更换衣服,应上洗手间去。如果是女士,则尤其不要在男士面前整理衣裙、梳头、补妆、化妆。

任何人都不要穿着睡衣、睡裙去餐车就餐,或是在站台上遛弯儿。

当国际列车通过边境时,乘客需要在火车上办理一下过境手续。手续比较简单,当列车停靠在边境车站上时,乘客应等候在自己的包厢里,由先后登车的境内外两国的人员检查自己的护照、签证和行李物品。检查完毕后,列车随即通过边境,由一个国家进入另一个国家。

列车在其他国家中行驶时,最好不要乱开车窗,或把头探出窗外,以防自己的物品被人"顺走",或伤害到自己。

在中途停车时,最好自己少下车去游逛,更不要见缝插针在车站上大肆采购,免得误车。

**最后，是地铁的乘坐。**

地铁是交通现代化的一大标志，许多大城市都以地铁作为市内交通工具。它与机场、港口、火车站相连，十分方便。鉴于国外的地铁有不少特别之处，而且与人们的日常出行关系密切，这里也简单地介绍一下。在一些发达国家的大城市里，地铁网络又长又密，大站、小站分布得像我国国内的公共汽车站一样，密布全城。若搭错了车次，很可能会迷路。因此进站前最好仔细查看一下标于站台门口的电子查询图。它只需要在图上的指定部位按出要去的地名，图上便会亮出乘车或换车的路线。进站时只要照此行事，就可以到达正确的地点。

在国外外出时，你最好多兑换些硬币带在身上。

买报刊、打电话时需要它，搭乘地铁时它往往也必不可少。欧美、日本的地铁多为自动售票机，或者是在入口处设有投币式售票箱。对后者，乘客只需要把与票价数额相等的硬币投入箱内，横在入口的铁栅栏便会自动打开放行。

值得一提的是，在有些地铁入口投币箱的旁边，还有一个大小相等的铁皮箱，它也有一个投币孔。不过那是一台自动售烟机，可不是卖地铁票的。你可要看清了，不要搞错。

要是没有硬币在身，可留意找一下地铁站内附设的自动货币兑换机。找到了它，就可以兑换到自己所需的任何面额的硬币。

与国内一样，碰到上下班等客流高峰时，国外的地铁也十分拥挤。在日本，每个站台都有专门的推送员把挤不上去的乘客推入车厢。人这么多，大家在车上少不了磕磕碰碰，此刻需要自我克制，切忌产生烦躁情绪。不要动不动就去与人争吵，惹事生非。

在个别国家里，地铁有时候也不太安全。所以当地铁站上或车厢里人少时，应多加留神。万一遇上有人"盯梢"，或有人寻衅滋事，应求助于巡警，或赶紧朝人多之处走。

国外的火车、地铁、公共汽车在行进时，目前多为左行。即凡属双行道，则左侧属于前进方向，乘客应从左侧车门上下车。

这一点与国内不同，你如果搞不清就会上错车的，千万不要把国内车辆的右行当成放之四海而皆准的普遍真理。

第 7 篇
**住宿大饭店的你**

大家好，以下我将讲述在国外住宿饭店的相关礼仪规范。

出国旅行，最令人头疼的往往莫过于住宿问题。其实世界各地的宾馆、饭店与我国国内的涉外饭店基本相似，都是按照统一的科学标准进行分类和管理的。只要对此大致有所了解，不但不会感到有什么麻烦，而且能够更好地享受到大饭店里为你提供的各项服务。

国外的饭店，大都按照惯例分等论级，具体分为一星级、二星级、三星级、四星级、五星级等不同的档次。其中星级越高的饭店越豪华，收费也越高。

不过无论哪个星级的饭店，提供给住宿者下榻的客房都基本相似，通常有标准间、套间等两大类。

所谓标准间即单间，它一般又有单床标准间和两床标准间等两种。

所谓套间如同套房一样，大都附设客厅，它往往也有单床套间和两床套间等两种。

在一些高档、豪华的大饭店顶层，通常还设置了供各国元首、首脑或各界名流所使用的总统套间。不过那是名副其实的高消费，不是普通消费者的消费能力所能承受的。

自己去国外的大饭店投宿，首先需要在大堂里的总服务台先询问有无空房，然后进行登记，并交验护照。

在一般情况下，登记房间时不必预付房费，在离开饭店之前去结账付费就可以了。但也有的大饭店需要预付一定数目的押金。

应当明确的是，任何大饭店计算房费的标准都相差无几：过夜到第二天中午12时之前，按住宿一天收费；如果超过了12时，则按住宿两天收费。

假如准备去某些举世闻名的地点投宿，最好在抵达之前进行预约。否则要是碰上了旅游旺季，那里的大饭店游客爆满，你可能就会成为"无家可归者"，无处安身了。

目前，凡星级饭店都可以事先预约房间，甚至连想住几层几号也是可以预约的。

如果预约了某家饭店的房间，不要忘了问一下是否临行前还需要"确认"，即把自己抵达的时间告知饭店，并要求其为自己保留房间。许多饭店为了避免房间"空置"，都要求预订房间者在规定的时限内，对自己抵达的日期和住宿的时间再次进行"确认"。

向国外的大饭店预订房间，可直接打电话进行联系，也可以委托国际旅行社代为办理。你要是一下子需要跨越许多国家、地区观光游览或者做生意，如果不想耽误时间，而且希望住宿的问题解决得稳妥可靠，出国之前可以向国外的饭店预订房间，或是在一个国家的饭店下榻时委托其代订下一个目的地的饭店的房间，都是最省事的好办法。现在许多著名的大饭店，如假日、万豪、半岛、喜来登、希尔顿、香格里拉等等，在世界各地都设有其"连锁店"。在其连锁网内预订房间，不但住宿确有保证，而且通常可以享受到"折扣"优惠，所以你不妨一试。

一些初出国门的朋友，在国外大饭店住宿时往往会感到诸多障碍困扰自己，有时语言的不通尤其使人感到不便。

例如，看不懂饭店的服务指南；不知道应该怎样拨打电话；外出之后忽然忘记了自己所住宿饭店的具体名称和地址，因而难于返回等等。

其实解决这一问题是有其"诀窍"的：在你初入饭店登记房间时，只要在前台取一张该饭店的名片（又称"饭店卡"）就行了。

它上面印有饭店名称、详细地址、电话号码、饭店位置图等具体内容。外出时带上它，你就可以放心大胆地出门了。必要时，你还可以借助它来问路或与饭店进行联系。

这种饭店名片，一般饭店都有。即使没有，出门时带上一枚印有饭店名称的信封或信纸也可以。

具体而言，当你在饭店里住宿时，了解并且遵守国际上所通行的基本的饭店礼仪，往往也是必要的。

**首先，一定要礼貌待人。**

对于饭店服务员，你必须以礼相待，并且温文尔雅。对他们为自己所提供的各种服务，应当面表示感谢，有礼貌地说一声"谢谢！"不要过于傲慢、无动于衷，或者若无其事。

早上在饭店走廊或电梯间里遇到其他人员，不论自己是否相识，都有必要向对方道一声"早上好！"要是为了对他人表示特别的敬意，说"早上好"时可在语

尾加上"先生"或"女士"等尊称。

如果碰上饭店服务员或其他旅客首先问候自己，需要立即以同样的问候语问候对方。此刻反应迟缓、无言以对，都是非常欠妥的失礼行为。

在饭店的大堂、餐厅和电梯间门口遇见儿童、老人、妇女和残疾人时，应侧身让其先行通过。

如有必要帮助对方时，则应当首先征求其同意，先要问一声"需要我帮忙吗？"得到肯定的答复后，方可付诸行动。

在国外许多地方，人们往往崇尚个性独立，如果动不动就去主动帮助别人，而不事先征求其意见，就很可能会出力不讨好，根本不会受到欢迎。

出入饭店里的商场、娱乐场所和健身房时，务必要注意自己的身份。自己的言谈话语、举止行为，都要加以检点，切勿为所欲为。

**其次，不要妨碍他人。**

在大饭店里的许多场合，如大堂、餐厅、商场、走廊甚至包括客房里，住宿者都应当自觉地调低音量，不可以弄出过高的声响。

自己的走路声、谈话声、唱歌声、读书声以及收看电视的声音如果过高，往往会成为影响他人休息的"噪音"。夜深人静之时，更要对此加以注意。

必须谨记：饭店是休息的处所，因此不允许人们在公共场合粗声大气，高谈阔论。

平时进入自己的客房之后，一定要随手关闭房门。

之所以必须这样做，一是为了个人的安全；二是为了不影响别人。

如果自己单身在饭店里住宿时，一般不应当在客房里会客。

如打算与别人约见，则安排在饭店大堂或咖啡厅、酒吧都可以。

切忌站在自己的房间门口或走廊里与人交谈，否则会被视为缺少基本的教养。

如有同行者住在同一家大饭店的不同房间，有事可打电话进行联系。国外的饭店里拨打房间之间的电话大多先拨"2"或"8"，然后再拨对方的房间号就行了。

有时候，具体的饭店不同，其情况往往可能会不太一样，拨打电话时应先向饭店方面询问清楚。

进出自己的房间时，一定不要忘了带上房间的钥匙，并且一定要记住随手关门。

不要动不动就使自己的客房房门大开，致使其中的"景致"一览无余。

要是忘了带钥匙，可去总服务台索取另一把钥匙。不过它往往是需要付小费的。

客房内通常都放有一张房门挂牌，一面写着"请勿打扰"，另一面则写着"请打扫房间"。

在客房里休息或睡觉时，可将牌子翻到"请勿打扰"那一面，挂在门外把手处。外出时，则可把它翻到另外一面，以提醒服务员打扫房间卫生。

如有急事去别的房间找人，应提前约好。到达时，一定要先按门铃，或轻敲房门，待获得允许后方可入内。

要是有普通关系的异性到自己的房间里来，把房门半开着通常是合乎礼节的，尤其对于女性而言。

如果来访的异性不受欢迎，可以客客气气地找一个借口把对方打发走。可以说："我正要洗澡了。"或是说："我今天很累，真想休息一下。"凡善解人意的人，此刻都是会"知难而退"的。

夜晚休息时，客房门内的拴链是应当挂上的。这样深更半夜有人敲门时，身子贴着门，外边的人就不可能闯进来。为了自己的安全，晚上拴上门链是非常重要的。

**最后，务必要注意整洁卫生。**

进入自己住宿的房间之后，穿什么衣服都可以。

但是，绝对不可以穿着睡衣、拖鞋出现在走廊、大堂、餐厅、商场、歌厅或酒吧里。

上述场所均为公共场合，睡衣、拖鞋却是卧室"行头"，好似内衣一样。把"内衣"穿到公共场合去，当然是不雅和失礼的。

在客房之内，不要乱丢、乱放自己的衣物和鞋袜。

吸烟者在房间里不要乱弹烟灰，乱掷烟头，以免烧坏地毯和家具。

如果住在禁止吸烟的楼层或房间里，则切勿吸烟。

果皮纸屑之类的垃圾，最好主动投入垃圾桶，也可以放在茶几上，等着服务员来收拾。

睡觉时，应先取下床罩，不要不脱鞋袜，在床上乱踩乱踏。不要在浴盆外边用水冲凉。要是"水漫金山"，让水流到地毯上，甚至流到

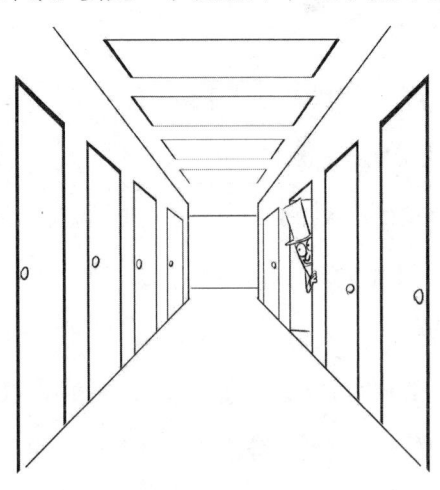

楼下，是要付一大笔赔偿费的。

自己的东西，一定要收藏妥当。不要将自己的钱夹、记事本这类的小件物品存放在枕头下面。不然有可能被收拾房间的服务员当成废物丢掉，或是自己离开房间时遗忘了。

凡贵重之物，存入设在总服务台的保险箱里最合适。

除此之外，在饭店住宿时，要充分享受它所提供的各种服务，还需要对饭店的各种服务项目有所了解，更重要的是应该不懂就问。

房间里的个别设施如果不会使用，可向服务员虚心请教，或打电话去总服务台咨询。不要不好意思向他人请教，而去硬充行家里手。分明是按动式水龙头，偏偏要左掰右拧，硬是把它搞坏了，实在得不偿失。

浴室里通常都会摆放着三块大小不一的毛巾，小号的用于洗手；中号的用于擦脸；大号的则用于浴后擦干身体。此外，还会备有一块厚毛巾，专门用于擦脚。要是不了解它们的不同"使命"，而去自以为是，岂不会闹出笑话？

洗澡时，用于防滑的、带有许多凸起物的防滑胶垫，应放在浴盆里面，而防止淋浴时水珠飞溅的防水帘的底端一定要放在浴盆内侧。

洗完澡以后，浴盆里的头发之类的脏东西一定要冲洗干净。

换下来的衣服一般不允许自己在浴室里大洗特洗。即便自己洗了一点东西，也不能晾到窗外，或晒到阳台上去，而只能挂在浴室之内，以维护饭店的外在形象。

通常需要换洗衣物时，应从衣橱里取出洗衣袋，然后把衣物放入其中，并在洗衣单上填好本人姓名、房间号码、所洗衣物的种类与件数，然后交由客房服务员送到饭店的洗衣房去洗。洗衣房洗衣服大约要一两天时间，而且星期六、星期日洗衣房是休息的。

若需要快洗，则需要在洗衣单上注明，并为此需要多付一些钱。

如果需要请人擦皮鞋，可通知总服务台。千万不要自己放在门外，那样的话，要是丢了可就麻烦了。

客房里的电话，从某种意义上讲就是你的贴身近侍，尽量支配，不要让它"偷懒"。假如需要早起的话，仅仅使用客房里的闹钟不一定保险。你可以打电话告知饭店总机："请用电话叫醒我"，然后把姓名、房号、需要被叫醒的时间一一相告，就可以放心大胆地去休息了。被叫醒时，不要忘了说一声"谢谢！"

客房里的电话还可以用来叫人送饭、送酒、送花、送水果，或是叫出租车、叫行李搬运员。

当电话机上的专用指示灯一明一暗时，往往是通知你总服务台有你的信件或留言。

国外饭店大多不向住宿者提供开水，这是国人最感到不方便的地方。

要是客房里有电热壶，可利用它煮热饮料。要是打算使用自己携带的电器，如电热杯、电饭锅，应提前征得饭店同意。必要的话，叫饭店服务员送热开水来喝也可以，不过它往往也是需要付费的。

客房冰箱里、小吧台上的饮料如果饮用，是需要在自己的房费之外另行付款的，而且其价格通常会比较贵。因此不要贪小便宜大喝特喝，结账时叫苦不迭。有的客房还设有各种饮料的自动售货机，一旦饮用后，它也会自行记账。

客房里的毛巾、杯子、烟缸、画册等物品，往往都不能随便带走。要是自己特别喜欢，打算拿走留作纪念，应与饭店公关部或总服务台联系，并付款购买。如顺手牵羊，则是会惹麻烦的。

与国内的饭店有所不同，一些国家和地区的饭店不向住宿者提供牙具和拖鞋，这大约与当地习俗或环保有关。因此，出国时自带这些物品，可以防止自己的"生活必需品"断档。

国外档次稍高一些的饭店都设有游泳池、网球场、健身中心和各种游艺室。这些设施，一般都是另行收费的，设在饭店里的歌厅、舞厅也大抵如此。欲去这类场所之前，应换着与之相称的服装，并准备好必要的费用。

在饭店里就餐一般花费较高，但不必担心饭菜存在卫生方面的问题。通常可以直接去饭店里自己喜欢的餐厅进餐，也可以打电话叫服务员把自己所点的饭菜和饮料直接送到客房里来。

在客房里叫餐尽管要多花些钱，可是吃早餐和晚上喝饮料却比较方便。对到客房里来送饭的服务员，与把行李搬进房间的行李员一样，往往都是要付给小费的，而其他的费用则只要在账单上签名就可以了。

应当指出的是，在不少国家的饭店住宿时，必须记住要付给为自己收拾房间的客房服务员小费。

通常把小费放在枕边或床头柜上，由其自取即可。这样做，既可以享受到更加优质的服务，也可以避免某些不必要的麻烦。

在饭店里的公共场所使用洗手间，往往也有不少特殊的讲究。欲去洗手间"方便"，只需要同自己身旁的人或同行者低声打一个招呼，或者做一个简单而文雅的暗示，使其知晓自己"此行何去"就成。此时没有必要为此高声呐喊，让其他不相干的人都明了自己干什么去了。

出入洗手间关门时，切勿用力过猛。把门拉得大开，或者撞得大响，这都会使自己显得粗鲁失礼。

在洗手间里不适宜与人交谈。遇到熟人，点头致意就算有礼貌地打了招呼，没有必要与人说个没完。要是在那里高谈阔论，或是独自放歌，显然都不合时宜。不要在洗手间里进行长时间的阅读，也不要吸烟，以免妨碍其他人。用毕洗手间后，一定要放水进行冲洗，不要什么都不理会便扬长而去。

不要在洗手间里乱吐、乱扔东西。饭店里的洗手间盥洗设备都比较先进，应当文明、合理地使用。洗完手后，应自觉关好水龙头。如有公用毛巾，可用以擦手，当然也可以通过烘干机烘干。

有些洗手间装有吹风烘干机，有光电自动开关式的，也有脚踏开关式的。将洗净的手放在它的吹风口不断地翻转移动，手就会很快被它烘干。

洗手间里备用的卫生纸，自己要用多少，就可以拿多少，但不要占小便宜"揣"走。

进行盥洗之后，应对着洗手池上端的镜子迅速整理、修饰一下自己的仪表。例如，可以把自己的头发大体上拢一拢，或者稍微补补妆。但此举不要过久。除非极为必要，不要把公共场所的洗手间当作自己的更衣室，来大换特换衣衫。

走出洗手间之前，应仔细地整理好自己的衣饰。

一边整理着衣裙一边旁若无人地往外走，一边擦着手一边往外走，都是不文明的作法。

若自己正在等候进入洗手间，记住不要站在洗手间门口的对面，以免内外的人两相尴尬。最好站得离门口远一些，这样于人于己都方便。

第 8 篇

**海外购物的你**

# shopping

大家好，本篇将为大家介绍的是在海外购物时应该注意的具体礼仪规范。

初到异国他乡，除了观光游览之外，购物往往也是最吸引人的环节之一。

购物，不仅仅是人们日常生活中的一种实际需要，而且也是一种品味人生的消遣。即使在异域停留的时间再短，逛商店、买东西这个有趣的活动项目，通常也不能被取消！

**在国外购物，首先需要了解一下国外的商场。**

许多国家的商场，往往有购物中心、超级市场、百货公司、销售连锁店和名牌专卖店等不同种类。一般来讲，购物中心环境优雅，超级市场买卖方便，百货公司物美价廉，销售连锁店服务周到，名牌专卖店崇尚档次。它们各有各的特点，你可以根据自己的实际情况作出决断。

至于世界各地的跳蚤市场和小商品市场，去看一看并无不可。那里的东西价格虽然便宜，但其具体质量通常只能"听天由命"了。

在国外，当街头流动的小贩"看"上你，或是邀你到偏僻之处"谈谈"时，坚决不要动心。暂且不说他们所推销的东西质量不敢保证，搞不好可能还会发生骗钱、抢钱的事。

如果你的时间有限，而又的确想到商场去看一看，那么去百货公司或许最合适。那里的商品货色齐全，五光十色，应有尽有，而且各种商品大都开架陈列，你几乎可以在此处买到任何想买的东西。

在国外的百货公司买东西同国内相差无几，你都需要先选定品种，请售货人员开具小票、持小票至付款台交款后，再凭盖了付款章的小票找售货人员领取物品。要是谨慎一些，则可以首先向售货人员询问一下具体的购物程序。

由于这类百货公司的商品多半为了方便顾客选购而开架陈列，所以在那里买好商品后一定不要忘了请售货人员加以包装，而且在离开商场之前切勿再把商品的包装打开，以防使其他售货人员产生"尚未交款"的错觉。

如需要购买日常生活用品，特别是食品，你最好是光顾一下那些购物最为便捷的超级市场。

倘徉在"超市"里的商品的海洋之中时，不要四处乱动、乱摸；不要拿起一样看看放下，过一会再拿起来；不要从这里拿起的东西看一看之后，就放到别处了；或者是一时冲动，想在无人之际占点儿小便宜。

其实，"超市"里的设备相当现代化，整个"超市"之内均由隐蔽的大型闭路电视监视控制。顾客在"超市"中的一举一动，无不尽入店方的眼中。在那里举止失措，自然会引起特别的关注。要是心存侥幸，吃亏的肯定是自己。

在"超市"中选好了商品，结账很容易，只要推着购货车，或是拎着货筐，到出口处交由收款员清点、结账、包装就行了。

在国外购物，付款的方式自然应当搞清楚。

在国外购买小商品，一般可以用现钞交易，而且支付的应当是当地的货币。因为许多国家都在法律上规定禁止外币直接上市流通。要想取得所在国的货币并不难，只要手持可兑换外币至当地银行兑换即可。

但是，不要贪小便宜参与"黑市"外汇买卖，这本身就是非法的，另外，在那里外国人"挨宰"已是司空见惯之事。

目前，人民币在世界上的不少国家里都可以自由兑换，尤其在我国的周边国家，如俄罗斯、蒙古、越南、缅甸，人民币通常还很吃香。甚至在美国的唐人街上，它也可以用来直接购物。

尽管如此，我们在出境时还是应该携带美元、欧元、日元、英镑等更为方便的可兑换的货币为佳。

这样做，既省时、省力，又可以避免在汇率动荡时吃大亏。

此外，目前在境外使用我国的银联卡或通用的信用卡付款，往往尤为普遍，尤其是当人们在购买金额较大的商品时。使用银联卡、信用卡，通常不用担心现金被抢、被偷，或者丢失、也不会因为碰上"伪钞"而倒霉。国外的商场，基本上都接受顾客使用信用卡购物。在商场购物时，你只要向收款员出示自己有效的信用卡，并签字确认即可。需要注意的是，我国的银联卡，目前在某些国家、地区尚且不能使用。

对于信用卡的"善意透支"，在这么做之前最好还是考虑清楚。一定要确认自己存款的现实状况，不要为了追求超值享受而购买价值超过了自己支付能力的商品。

**在国外选购商品时，一定要弄清其具体价格后再下决心。**

在国外，不同商品的价格差异甚大。在不同的季节、不同的地段、不同的购物环境中，同一种商品的价格绝对不可能是同一副面孔。所以你在购物时，一定要做到知此知彼，"对症下药"。

每逢圣诞节、复活节或暑期等重要节日、假日之前，国外的大部分商品往往会大打折扣。在这种大降价时理智地选购一下，能占不少便宜。

此外，在某种商品的销售淡季，它也会适当地降价，这同样是你的一个机会。

国外百货公司里的商品，基本上是明码标价，不还价钱的。不过与高档豪华的购物中心相比，这里的商品往往可能会便宜不少。

在小商品市场上，特别是在地摊上，购物是可以讨价还价，由买卖双方共同协商价格的。但是，那里能落地还钱的前提，可能是漫天要价，你可一定要提高警惕。

**在国外购物，少不了要比较一下同一种商品在不同国家之间的差异。**

根据一般规律，商品的价格往往与当地的生产水平和消费能力有关，与人们的收入也不无关系。

举例来说，泰国的黄金饰品比我国便宜得多，美国的轿车也是如此。然而在那里，一些衣物、食品却要比我们国家的贵不少。

同样道理，你要是在俄罗斯买皮货、望远镜，通常不会吃亏。

此外，地区性的价格差异也是客观存在的。例如，同是羊毛衫、牛仔裤，可能中国的比美国的便宜、美国的又比西欧的便宜。这笔账，是你一定要算清楚的。

在这里，最应该告诉我国读者的一点是：在欧美地区，许多国家商品的标价并不是"名副其实"的。换言之，仅仅按照标价付款，你往往是难于拿走想买的东西的。

在欧美，顾客在购物付款时，除了要交纳商品上标明的价值金额，同时还需要交付一笔数额不等的消费税。这笔钱，大约是商品标价的

5%至15%。

例如，在美国买一件标价50美元的领带，你实际上可能要交60美元左右。

当然，国外的消费税是针对在本国消费的消费品征收的，对于外国人则有着不同标准的退税规定。外国人只要出示护照和所购买的物品，通常就可以在国际机场或商场等地领取退回的税款。退税能使消费者在国外购物时省下不少钱，只是各国关于退税的具体标准和形式往往有所不同，在购物过程中，还需要你自己提前去了解清楚。

国外的商场为了多做生意，把顾客奉为"上帝"，不许售货员说一个"不"字。所以售货员大都能够善待顾客，并且热情服务。

对于售货员的礼遇，你应当表示感谢，而不要刻意为难对方。如果与售货员发生了纠纷，不要与之争个面红耳赤。直接找其上司去理论，才最聪明。

在大型商场购物之后，只要有充分的理由，如商品的功能不全，式样不合适，而且商品保存完好、未经使用，就可以到原购物地点更换或退货。如果商品存在质量问题，更有理由这么做。只要不是吹毛求疵，是不会遭到拒绝的。

**除此之外，在一些国家购物时，你还应当注意其各自的特点。**

在一些西方国家，由于人们普遍信奉基督教，所以星期天通常要去教堂做礼拜。因此，你不要指望在星期天可以去逛购物中心和百货公司。有的国家为了表示对上帝的虔诚，甚至以立法的形式禁止商场在星期天正式营业。

在泰国，除了大百货公司和书店的商品明码标价，而且"言行一致"以外，其他地方商品的标价只是一种装饰。后者往往会高出实际价格的两三倍。你要是不敢在那种地方大胆地讨价还价，最好是什么都别买。

在突尼斯买东西，不论你怎么问、怎么挑，售货员都不会表露出丝毫的不耐烦。即便你挑拣了半天，什么也没买，对方仍会对你以礼相待。但你绝对不能对他们抱怨商品"真不便宜""太贵了"，因为他们对此种说法最为反感、最不可以接受。

在西方，高级时装价高无比，却又是人们在某些正规场合不得不穿的。要是想得开，就不必打肿脸充胖子，不用去购买与自己收入不相称的东西。那里有不少出租服装的店铺，什么场合穿的衣服，都可以租到。与买衣服相比，租衣服当然便宜得多。需要之时，你不妨到那里一试。

第 9 篇

# 出国留学的你

大家好，本篇将向大家介绍有关出国留学的具体注意事项与有关的礼仪规范。

黎和平刚刚升入大学三年级不久，各门功课的成绩都很突出。在亲友的鼓动下，他萌发了出国深造的想法，打算在自己本科毕业之前就能够申请到出国就读的机会。于是，他把自己的简历和申请书复印了许多份，分别寄发到英、美一些名牌大学。然而一晃半年已去，他发出的信件却依旧"泥牛入海无消息"。向有经验的人一打听，他才知道各国对于外国人的留学申请有不同的规定。一无所知而乱碰乱闯，只会是一事无成。

我国已有大量有志青年凭借自己的实力，申请到了去世界各地留学深造的机会。

他们中间的绝大多数人，都把出国留学视为了解世界、认识世界、开阔眼界、充实自己、以便学成归国之后能更好地报效祖国的一个机会。对于他们的这种正当要求，我国政府给予了种种的具体方便，世界各国也纷纷出台了一些吸引中国留学生的政策，大家对此是有目共睹的。

从广义上讲，出国留学可以分为公费留学、自费留学和自费公派等三种具体方式。

所谓公费留学，即留学者由国家所派出，或由国家的有关部委负责支付其所需经费，或依靠世界银行的贷款，或属于国内外院校之间交流留学生。

所谓自费留学，即其费用由个人自筹，或是由亲友资助，或是申请到了国外的奖学金，出国的一切手续也由个人办理。简言之，它是由个人联系办理的。

所谓自费公派，即一种自费留学的特殊方式，其经费需要自筹，出国手续却与公费留学人员一样办理。因为经个人申请和有关部门批准后，这种自费留学已被列入了国家计划，所以成为自费公派留学。

鉴于公费留学人员是由国家按统一计划选派、并负责办理具体手续，无需个人过多地操劳，因此我们在这里主要介绍一下有关自费留学的一些问题。

凡能够提供可靠证明，使用本人、亲友在国内的外汇资金，或由本人定居于国外以及港、澳、台地区的亲友提供资助的人员，原则上均可申请自费出国留学。非在职人员、高等院校非应届毕业生，归国华侨及其眷属，国外华侨、港、澳、台同胞以及外籍华人在内地的眷属，均属此列。

总而言之，在国内申请批准自己自费出国留学并不困难。真正困难的是怎样才能够量力而行，在国外高等院校或科研机构为自己争取到名额。

举例而言，申请前往美国自费留学，通常不受学历、年龄的限制。凡具备以下条件者，均有望成行：

其一，英语水平足以应付在美国的日常生活，并完成学习任务。申请时，往往要求出具"托福"等英语考试的成绩单。

其二，应当办妥入学通知书、邀请信等入学许可证件，以及办理签证所需的其他手续。

其三，已经通过正当手段取得足以维持本人在国外就读期间学习和生活费用的外汇资助或国外的奖学金。一般要求出具亲友提供的并得到所去国家认可的经济担保书，或者提供国外院校或基金会出具的奖学金证明。

按惯例，申请去美国自费留学，通常应由自己负责联系具体的学校。

在具体联系学校时，通常既要考虑名气、教学质量，又要兼顾学习费用、录取外国留学生的状况。到了那个时候，你不妨多联系几所学校，使自己可以有几个具体的选择，此外它还能够确保自己万无一失。

本人联系自费留学的院校，应依照对方来信要求准备好材料，如经济担保书、推荐信、"托福"成绩单、本人学历证书、成绩单等等，然后办理下述手续：写一篇本人基本情况简介、所受教育程度、专业爱好、未来计划的自我介绍。用信件或填写国外寄来的表格的方法，详细说明自己的经济状况。需要交付入学报名费的话，应尽早寄达。寄上本人健康证明和本人照片一式2张。

以上规定手续办好后，学校即可办理你的入学申请。一旦获准，校方将把入学通知书直接寄给你本人。

目前，英国方面要求赴英留学人员所出具的个人材料，同美国方面所要求的差不多。不过它要求申请人应具有必要的学历，并提供学历证明，以证明申请人有能力在英国的大学里学习自己所申请的学科和学位。

近年来，法国政府每年都会向在法国就读的外国留学生提供大量的助学金。助学金获得者可以获得生活津贴、旅费、社会保证金和培训费。欲往法国自费留学者，可向法国驻华使馆的文化处、科技合作处以及领事馆写信申请法国政府的助学金。申请法国政府助学金的程序并不复杂：首先要函索申请表，按规定逐项填好；然后附上应出具的各种证明材料；并且在规定的截止日期之前，将其寄往法国的驻华使、领馆即可。

由于目前在德国留学，大部分大学不需要交纳学费，因此外国留学生纷至沓来，迫使德国有关方面采用公布限额的方法，来对此加以限制。一般限额专业对外国留学生的最高入学许可率为8%，医学、牙医、兽医、药学等特殊限额专业对外国留学生的最高入学许可率则为6%。为了确保限额得到遵守，德国有关方面要求根据申请留学者的个人状况和入学考试成绩，来严格把关。

在赴德自费留学的重重障碍之中，德语水平的要求最高。不仅入学的各项材料应以德文撰写，而且外国留学生在德国各大学校注册入学之前，还必须参加一次严格的德语水平测试。唯有持有德语中学毕业证书或德国歌德学院所属分院结业证书者，才准许免试。凡参加测试者，只要通过测试即可进入大学学习。未通过者则需要补习，一年以后再次参加测试，直至通过为止。

在德国自费留学，虽然不必为支付学费而担心，但德国的生活费用极其高昂，法律又明确规定禁止外国留学生在读期间私下打工，因而难以勤工俭学聊补无米之炊。要是没有雄厚的经济实力，可就需要三思而行了。

如果你申请赴加拿大留学,一定要把申请信写清楚。其中本人的姓氏要特别注明,并且还需根据自己对各校入学标准的了解,说明自己的学历,最好能出示强有力的证明,并说明自己学习成绩在班里的名次。要是自己的学历根本不合乎要求,那当然是"没戏"的。

要想在加拿大就读,一定要明了校方对学生学习成绩的重视。申请读本科,不但要参加规定的英语或法语测试,而且还得考出高分。申请读硕士学位,应具有学士学位,各科分数不得低于65分。

此外,还应在申请中说明自己有无支付学费、生活费以及往返的国际旅费的能力,是否打算申请奖学金,等等。在加拿大,有的院校对外国留学生可免收学费,但不提供其他费用。有的院校则负责提供奖学金、贷款和校内兼职的工作机会。还有的学校对外国留学生"一毛不拔",或是至少在外国留学生入学的第一年不给予其任何资助。不过一般来说,政府和各校提供给外国留学生的资助大部分限用于研究生,在加拿大读本科的外国留学生很少能够得到此类"关照"。

对外国留学生赴澳留学,澳大利亚是非常欢迎的,但该国对于每年进入澳大利亚的外国留学生在名额上有所限制,以保证优先接受符合入学条件的成绩优异者。

澳大利亚对外国留学生的逾期不归,一向心有疑虑。在申请自费留学时，特别强调一下自己临时居住在澳大利亚仅仅是为了求学的目的，一旦学习期满将会立即回国，是必要的。澳大利亚每学年分为两个学期或三个学期不等，每学年2月份开始，12月份结束。留学申请人应于入学前1年提出申请。收到校方邀请信后，应把信件交有关方面转送澳大利亚驻华使馆。再由使馆将申请人学历证书、考试成绩、体检合格证明等交由校方审办。

目前，在日本留学2年最少需要300万日元左右，但也因个人的条件和情况而不同。国立、公立、私立学校的学费各不相同。私立学校的学费还根据学校、专业的不同，是否减免学费而不同。生活费因地区、住房、个人生活水平的不同而不同。日本人每年的生活费全国平均数字为100万日元左右，但这只是非常节俭的生活所需费用。

赴日留学，在学历方面限制较严。去日本语学校、专科职业学校、大学学部学习，应学习期满12年以上。去大学院攻读硕士学位或博士学位，应学习期满16年以上。否则便不具备入学的资格。

自费留学生属于因私出国，自然应当办理因私普通护照。属于在校生或在职职工者，应在所在学校或单位签署意见后，持身份证、户口簿或集体户口证明、前往授权受理的各省、市、自治区公安部门办理护照。然后再去自己拟前往国家的驻华大使馆或领事馆申请签证。

初到国外留学，安全乃是头等大事。

即使在美国的一些名牌大学里，也不一定风平浪静。当你尚未完全熟悉新环境之前，切忌一个人独往独来，四处闲逛。

国外的大学，除极其少数者之外，通常不负责向学生提供食宿，作为自费生对此要作好充分的准备。国外的人往往都非常强调"个性独立"，就算你有亲友，也别指望可以寄人篱下。

其实，留学时住宿的问题并不难解决，去找熟悉当地情况的校友介绍一下，自己再多留心一下报刊广告，并四处找一找，就可以租到自己比较称心的房子。

租房子之时，是要首先交给房东一至三个月定金的，这一点应当搞清楚。

有些学校为了方便学生，会向自己的学生提供租金较低的学生公寓。如有可能，住在此处当然不错。现在互联网发达，在获得录取信息后，自己可直接在网上预订学校的宿舍或公寓，此举将为你到达学校后的安排带来很多方便。

自己租房子时，优先考虑的应当是租金与距离学校远近等问题。住得宽敞舒适自然更好，但它通常不是普通人可以奢望的。必要的话，为了节省费用，可以与几个风俗习惯和生活习惯相近的同学合租一套房子。如果由大家共同分担租金，能省不少钱。

留学生的生活比较辛苦，那段时间你不必非要吃得肥头大耳，但饮食卫生却要引起重视，以防生病。

国外的医疗费用往往极其高昂，一般人都难以承受。如能加入当地医疗保险，可以"吃小亏，占大便宜"。

身为留学生，可以自己动手做饭，也可以在校内的学生餐厅就餐。那里饭菜品种较多，有套餐，也有快餐，开支较低。

在世界各地，几乎都有华人所开的卖中国菜的饭店，只是它的价格不菲，不是普通人平日里能经常问津的。

在有的国家里，如日本，自费留学生每过一段时间就要去续办一次签证。对这种特殊规定，只有清楚了，并且记住了，才不会"大意失荆州"。

当你在国外读书时，一定要掌握好当地的语言，并学会适应各种各样不同的学习方法。

以美国为例,大学生在上课时绝少正儿八经地只是老师讲、学生听,而是提倡师生平等相待,共同讨论。在美国,教授衣着随便,语气随和,常常只给学生开一张长长的书单,由学生自己课后进行研读。教授所做的,通常是启发学生开展就某一问题的争论。这同我们国内有所不同。对此,你一定要尽快跟上去,加以适应。

平日里,与外国师生相处,则应当讲文明、守礼貌,对所有人都真诚地以礼相待。

在国外万一遇到了难题,应找我国驻当地的使、领馆的教育处寻求帮助。

在留学生聚集的地方,都会组织联谊会。目前中国留学生大都组织了联谊会。你如果积极地加入其中,就多了一个同自己人畅叙乡情的地方。

有志出国留学的青年朋友们,为你真心地祝福!

第 10 篇

**出国旅游的你**

大家好，本篇我要谈一谈关于出国旅游的注意事项与礼仪规范。

对于大多数中国人来说，出国旅游的机会是很难得的。既要在有限的时间里玩得开心惬意，又要维护自己的形象，使之优雅自然、平易近人，这往往是每位走出国门的人都会想到的事情。

要想使自己在国外的观光游览省钱、省时、省力，而且能够尽兴，头等重要的事情，就是要选择好自己的游览路线、游览景点和游览方式。

一般情况下，如果自己手中的钞票不多，时间又有限，而且对国外的情况所知甚少，那么最好到旅行社去报名参加出国旅游。

随团旅游，通常情况下手续非常简单，许多事情无需自己动手去办，因此十分省心。只是不同国家对中国公民旅游的具体要求不同，有些国家对中国公民出行有签证等手续上的优待，有些国家则只接受中国公民跟随旅行团出游。此外，不同旅行社之间对目的地国家和旅游线路的设置也多有不同，这些都应当在选择旅游目的地之时确认清楚，以便挑选最适合自己的国家和线路，免得"浪费感情"。

当你决定随团旅游之后，只要你准备好距有效期的截止日期半年以上的护照，并提供单位或学校等出具的各种证明材料，以及认真填写签证申请表格，之后的签证、机票等手续旅行社便会为你代理。

在此需要你注意的是，在核发签证时，使馆很可能约你做签证面试或电话面试，到了那时你只要据实回答，并及时与旅行社方面沟通，就会有更多顺利通过的把握。

必须强调指出，并不是由旅行社代办的签证都能够保证通过，所以你还是应当提前做好各种准备，以免耽误自己的行程。

签证办好后，旅行社会提前1个月左右通知申请人具体的成行时间。在出发前，旅行社往往还会举行座谈会，以宣布具体的旅游日程安排和注意事项。

除了出国旅游之外，我国还准予开办中国公民赴俄罗斯、哈萨克斯坦、吉尔吉斯斯坦、塔吉克斯坦、乌兹别克斯坦、朝鲜、蒙古、越南、缅甸、尼泊尔等国的边境旅游业务。许多大中城市以及被正式批准开展边境旅游的边境地区，均有旅行社承办边境游览的业务。

尽管各口岸要求出具的证明材料和办理的手续并不一致，但在大体上仍有不少共同的步骤。

参加边境旅游，可以"一日游"，也可以"数日游"；可以"游一地"，也可以"游数地"。它最大的好处，是用不着花费外汇。因为这种形式的旅游大都是以与对方交换的方式进行的，所以"结账"仅仅是双方旅行社之间的事，你只要付给替你代办边境旅游手续的旅行社人民币就可以了。

参加旅行社组团进行的出国旅行，要知道承办这类业务的旅行社信誉、收费水平、服务质量并不相同，其具体的服务项目也是千差万别。因此你不妨多深入"第一线"了解一下，只有做到"货比三家"，才能真正使你的出国之旅"物有所值"。

随团旅行当然不可能尽善尽美，由于参加的人员多，停留的地点多，常常会使你因为"人等人"而生气，因走马观花而未觉尽兴。因此，要是有可能的话，你自己"领导"自己出国去"潇洒走一回"，即自己

进行"自助游",或许感觉会更好。

在你出国访问、留学、探亲之暇,往往也可以到处走一走,增长一下见识。有时候,纯粹是为观光而观光,也是"可以广见闻,可以开神智"的。不过一人在国外当"独行侠"不会像三毛写得那么浪漫,你会遇到不少不曾想到或遇到的问题。这时候,你通常首先考虑一下这几个问题:

**其一,要带上合适的"行头"。**

它的关键是既要应时,又要应景。所谓应时,是要根据目的地的气候状况而准备行装。

例如,泰国、马来西亚等东南亚国家四季如春,去那里,带足夏装才最聪明。除了夏装之外,在那里最冷时也不过需要披上一件外套。要是带上羽绒大衣,则必然会使之"徒劳往返"。

要是去俄罗斯或中亚各国,情况就有所不同了。那里冬季气温普遍低于我国,要多带一些衣物,才能有备无患。

所谓应景,是说当自己身为旅游者时,穿着打扮应与自己的身份、环境相称。旅游者的衣着在尊重当地习俗的前提下,应以舒适得体为第一要旨。穿得过分庄重，一身西装或纯毛套裙，再加上一双皮鞋，除非是参观博物馆或宗教圣地，通常都大可不必。去那里最好穿T恤、短衫、牛仔裤、旅游鞋，这身打扮又随便，又舒服，最符合观光旅游时的"情境"。

**其二，要选好适当的路线。**

俗语说"看景不如听景"，此话有时还真有道理。要想使自己玩得痛快，最好多找知情者咨询一下，多选择几处名副其实的景点，并且在其最佳时间前往。

在选择旅行路线时，选择什么样的交通工具也颇有讲究。如果你是到美国讲学或进修，有几十天时间，打算从纽约到洛杉矶玩玩，乘飞机固然最为神速，可那要失去多少的冒险和刺激呀！

进行这种穿越美国东西部的旅行，搭乘"灰狗"，即乘坐美国的长途汽车，往往最为经济。而搭"顺风车"，则既困难，又冒险。

可能的话，自己开车也是可以的。自己驾车旅行，可在途中的汽

车旅馆住宿。你只要把汽车直接开到汽车旅馆的登记处出示信用卡，并办理手续，就可以拿到房间的钥匙。然后可以把车开到房间门口，打开房门住下。

**其三，应注意旅途安全问题。**

不要冒生命危险前往交战地区旅行，也不要去那些民族冲突、宗教矛盾、边境纷争此起彼伏的国家。不管在什么地方都一样，只要一开枪，子弹可不长眼睛，它是不会特别关照你这位外国旅游者的。

在一些国家和地区，社会治安欠佳，如果前往也是要加以双倍注意的。一般情况下，不要去不该去的地方，尤其不要去人迹罕至之处。不要单独去夜总会、红灯区、舞厅和酒吧"探险"。

途经临街的私人住宅，无论其中有没有人，都不要趴在门口或墙头向内观望，不要逗弄私人家中的猫、狗一类的宠物。要是让人家把你当作图谋不轨的"闯入者"，可就有口难辩了。

路遇车祸或者其他变故，不要止步围观，更不要对奇装异服之人指指点点。

在欧美，人们爱做日光浴。在海滨穿着"三点式"，甚至裸体而卧，在当地屡见不鲜。要是不明就里，围着人家看"新鲜"，轻则使人不快，重则会遭到"反击"。因为在许多国家里，盯视陌生人纯属失礼之举，对被盯视者暗含挑衅之意，是难以令人容忍的。

目前，世界上许多国家对保护本国的环境卫生都给予了很大的关注，在新加坡等国，在公共场合吐痰、吸烟等破坏环境卫生的行为，是会受到严厉惩罚的。所以当你置身于国外，特别是在旅游景点时，一定要严于律己，不要乱扔乱抛废弃物，不要放任自己带领的小孩子随地大小便。

国外的街道两边和街心花园中花木很多，其名胜景点更是花团锦簇，不要在那些地方举止失态，用手摆弄或者采摘花木。

森林、草地、花卉和雕塑，在国外被视作自然景观的重要组成部分。毁坏林木、践踏绿地、采折花木、污损雕塑等行为，早已为人们所唾弃。国内有些人喜欢爬上雕塑去留影纪行，却不知道这正是自己为自己留下了不文明的写照。对街头觅食的鸽子或其他动物，切忌扑打、捕捉。

前往一些历史悠久的文明古国，少不了要参观一下当地的各种博物馆、展览馆。去这种高雅的艺术殿堂参观，着装不宜过分轻佻。不要赤脚穿鞋入内，必要时要在门外擦鞋垫上擦干鞋子，或是在自己鞋子外面套上鞋套。

人们前往博物馆、展览馆，为的是参观而非讨论，所以感触再多也应含而不露。指指点点、说三道四，既妨碍他人，也贬低自己。按照规定，对于展览品只可眼观，不可触摸，请务必遵守这些规定。

出国旅游，少不了要拍些照片和录制视频作为纪念。然而国外的机场、海关、博物馆、展览馆、军事禁区、科技秘密、新产品陈列会和私人宅院，一般都禁止拍摄。未经允许而大胆妄为，弄不好会被没收摄影、摄像器材，罚款，甚至会吃官司。

在观看文艺演出或各类表演时，同样禁止摄影、摄像。这样做，是为了防止演出受到干扰，也是为了维护表演者的知识产权和专利。

喜欢拍照的旅游者，总希望能在国外实地拍到一些充满异国风情的东西。但在拍照人像时，务必要事先得到拍摄对象的同意，对陌生人不要抓拍、偷拍。

希望与某些外国人合影留念，一定要先求得对方同意。不要悄悄凑过去，搞"突然袭击"。答应把合影照片送给人家，拍照后就要兑现，不要骗人。

有的民族对照相、摄像有些特殊的禁忌。例如，日本人不愿自己被两个人夹在中间合影，西方人轻易不会把自己的照片送给别人，一些禁止偶像崇拜的宗教的信徒则绝对忌讳拍照等等，对此应表示尊重，不要与之"对着干"，去自讨没趣儿。

出国旅游时，如自己所携带的外币较多，担心丢失，可以携带银联卡、信用卡，或购买外币旅行支票。

所谓"外币旅行支票"，是指境内商业银行代售的，由境外银行或专门金融机构印制，以发行机构作为最终付款人，以可自由兑换货币作为计价结算货币，有固定面额的票据。根据你要购买的金额不同，要提交的材料也不尽相同。金额越高，资料审查的严格程度也越高，通常以等值5万美元为界。如果你只购买等值1万美元以下的外币旅行支票，则购买手续很简单，只需提交购买申请书、本人有效身份证明以及已办妥前往国家或地区有效入境签证的护照，或者前往港澳地区的通行证（包括往来港澳地区的通行证），通过银行的审核就可以购买了。买下旅行支票簿后，应立刻在每张支票的初签栏内签名。在使用支票时，再当着收款员的面，在支票的复签栏内再度签名。只要初签复签相符，支票便会被接受。

旅行支票在世界各国都能够使用，既可在机场、港口、车站、商场、饭店、餐馆支付消费，也可以持此去银行求兑现金。正因为如此，在出国旅游时，它定能助你一臂之力。

值得一提的是，随着我国出境旅游的人数连年攀升，我国公民在出境游过程中遇到了越来越多的礼仪规范方面的问题。为了提高我国公民的文明素质，塑造中国公民良好的国际形象，2006年10月，中共中央文明办、中国国家旅游局联合颁布了《中国公民出境旅游文明行为指南》。它的具体内容如下：

> 中国公民，出境旅游，注重礼仪，保持尊严。
> 讲究卫生，爱护环境；衣着得体，请勿喧哗。
> 尊老爱幼，助人为乐；女士优先，礼貌谦让。
> 出行办事，遵守时间；排队有序，不越黄线。
> 文明住宿，不损用品；安静用餐，请勿浪费。
> 健康娱乐，有益身心；赌博色情，坚决拒绝。
> 参观游览，遵守规定；习俗禁忌，切勿冒犯。
> 遇有疑难，咨询领馆；文明出行，一路平安。

出境旅游时，每位公民只有努力践行以上《指南》，克服自己的陋习，倡导文明的旅游行为，就能在出国旅游的过程中收获最大的快乐。

# 第 11 篇
## 尊重女性的你

大家好，本篇我将向大家介绍一下最重要的国际礼仪原则之一：女士优先。

目前，在欧美各国，要看一个男士是不是有教养、有没有所谓的"绅士风度"，关键是要看他是否懂得尊重妇女。尊重妇女的这一思想，目前在国外主要通过"女士优先"的原则来体现。

所谓"女士优先"，并非如同它在字面上的意思——仅仅是要求让女士先行一步，而是对成年男士在其社交场合所必须恪守的一整套原则的通称。

其基本含义，是要求成年男士在社交场合里，在任何时候、任何情况下，都要主动地在行动上尊重妇女、照顾妇女、体谅妇女、帮助妇女、保护妇女，为女士们提供种种方便，并且为之排忧解难。

不仅对待年轻漂亮的姑娘应当如此，对待年老体衰的老妪也应当如此；不仅对待自己熟悉的女士应当如此，对待陌生的女士也应当如此；不仅对待本国的女士应当如此，对待外国的女士也应当如此。

虽说当代西方国家里的"女权主义运动"几度高涨，女权主义者要求所谓真正的"男女平等"，呼吁女士们拒不接受任何以"女士优先"为出发点的特殊"待遇"，而且西方人在上班时也不大讲究"女士优先"。然而"女士优先"作为一种社交礼仪的基本原则，迄今为止仍为绝大多数西方男士所遵守和信奉。因此，不论男士或是女士，在前往西方国家时，特别是在要同异性打交道时，对此还是应当略知一二，并知道自己应采取的态度。只有这样，才不会显得少见多怪，更不会因误解"犯规"而贻笑大方。

例如，在国内，我们一向提倡尊老爱幼，要是在公共汽车上碰到了老人和儿童，青年男女会有礼貌地起身让座。而在西方国家里，孩子只要会站了，一般在公共汽车上其父母是不会让他坐着的，除非是他生病了。

而在一切公共场合，只要有一位女士尚未入座，在场的男士不论与之相识与否，都应当立刻起身把自己的座位让给她。在我国，一位年轻的女士主动把自己的座位让给一位老先生，人们是司空见惯的。但她要是在西方这么做，受"优待"的老先生不仅不会感激她，还会感到很没有面子。因为按照西方人的理解，那位老先生不论多大年纪都是应当主动让座给女士的。

由此可见，我们中国人一旦前往国外，在是否接受"女士优先"

原则的问题上，还是应当自觉地入乡随俗。

下面，就让我们先来了解一下"女士优先"的原则是怎样具体操作的。

**在社交聚会中，男宾见到男女主人时，**应首先问候女主人，然后再问候男主人。男宾进入室内，应主动向先到的女士问好，女士如果已经落座则不必起立。女宾进入室内时，在一般情况下先到的男士均应起立迎接，绝不允许男士坐着同站着的女士交谈。

**主人在介绍不相识的客人彼此认识时，**通常应先把男士介绍给女士，以示女士地位"后来居上"。人们见面后握手寒暄时，只有当女士率先伸出手来表示愿同男士握手后，男士方可伸手与之相握。要是男士先伸出手去，则是无礼的表现，女士有权视而不见，不与其呼应。

**男士与女士握手时，**应摘下帽子，脱去手套，以表示郑重其事；女士则完全不必如此。

男士与女士交谈，遣辞造句应当高雅文明，不可以在女士面前说脏话、粗话、黑话，或是开低级下流的玩笑，以免使女士感到尴尬难堪。即使女士因言行不慎而使人感到好笑，也绝不可以当面指正，或有所表示。

在西方各国曾广为流传这么一个故事：说是一位小姐在参加宴会时，由于"失控"而发出了不雅的"声响"，尽管当时在场者都装着什么也没有听到，依然有一位男士毅然决然地"见义勇为"，挺身而出，连连向人说"对不起，对不起"，以承担责任。这位先生的"壮举"不但为众人所称道，而且还因此赢得了那位小姐的芳心。再后来便是有情人终成眷属，双方皆大欢喜。这个故事是否真实其实并不重要，重要的是它充分地体现了西方人所崇尚"女士优先"原则的精神。

发表正式的讲话，或是需要称呼较多的在场者时，千万不要忘了"女士优先"。

例如，应当说："女士们，先生们！"或是"玛丽小姐，威廉先生"，而不能把这一顺序颠倒过来。

**当你与女士聊天时**，绝对不宜涉及双方的个人隐私，尤其不能一再打探甚至追问女士"芳龄多少"、"是否结婚"、"有没有男朋友"。前一个问题，是西方女士秘而不宣的个人核心机密；后两个问题，问得不好则会被误以为有"性骚扰"之嫌。

男女一同在室外行走，男士应主动地"把墙让给女士"，即请女士走在人行道的内侧，自己走在外侧。这样做，主要是为了交通安全上的考虑，同时也是为了防止汽车疾驶而过时飞溅的污泥浊水弄脏女士的衣裙。

**一位男士与两位或两位以上的女士外出行走时**，男士依旧要走在外侧，因为他这么走着与任何一位女士谈话，都好似与她们几位一起交流。要是男士居中而行，虽说威风凛凛，可一旦需要与任何一位说些什么的时候，都会把后脑勺留给其他女士，使人产生厚此薄彼之感。

**当条件不允许同行的男女并行时**，通常情况下，男士应请女士先行，自己则走在其身后，并与之保持一步左右的距离。这既是为了避免男士因步伐过大使女士难于跟进，也是为了把选择"行进方向"的权利让给女士，由女士决断应该怎么走。

不过有时也有一些例外，在开门、上楼、下陡梯、遇到障碍或危险时，男士通常要先行一步，以便为女士开道。

行走中遇到关闭的大门，男士应先走过去，为女士拉开门，请女士首先通过。

上楼时男士先行，是考虑到女士在社交场合多半穿着裙装，男士在上楼时走在女士身后，一不留神抬头向上看，会令女士裙底"走光"。

走下陡梯时之所以需要男士先行，则是担心喜欢穿高跟鞋的女士一旦失足跌倒，没有什么好挡住她的。

与女士一同外出，男士应主动帮助女士携带较重和难拿的物品，如手提箱、旅行箱、文件夹、不穿的大衣等等。

但是，不能要求帮助女士拿她的坤包，因为其中通常装有化妆品、卫生用品等妇女常用之物。所以当男士要求为女士效劳而再三遭到拒绝时，是不宜勉强的。女士之所以这么态度坚决，一定会有她自己的理由，善解人意的男士是不应该"热情越位"的。

在大门口、楼梯口、电梯间门口以及走廊、楼梯、人行道等比较狭窄的通道上遇到女士，男士不论是否与对方相识，都应侧身相让一步，请对方先行通过。

**陪伴女士一起乘坐公共汽车或火车时**，男士应首先登车，设法为女士找一个座位，然后再替自己寻找一个尽可能靠近她的位子。假如找不到，则应站在女士身边，以方便照顾对方。要是对号入座，应请女士靠窗而坐，自己坐在外侧，这样上下车的人不大可能干扰到女士的休息。

在车上，有座位的男士一般要向后来无座的女士让座，而不管认不认识对方。

乘坐小轿车时，男士应首先走向汽车，为女士拉开车门，照顾女士先坐进去，自己方可上车。抵达目的地之后，男士则需要先下车，以便为女士拉开车门，协助其下车。

**在许多国家里，参加舞会、观看演出时**，检票员原则上不会检查女士的票，换言之入场券应是男士负责出示的。

入场之后，男士应立于女士身后，协助其脱下外套，然后代为存放在衣帽间里。

在舞会上邀请舞伴，应当是男士请女士，而由女士决定是否同其共舞一曲。

出外用餐，男士应帮助女士落座，即先把椅子从桌下轻轻拉出来，待女士就座时再轻轻把它移向餐桌，然后自己坐在女士左侧或是对面。

点菜时，应先把菜单递给女士，由她根据自己的口味选择，而付账则是男士的不多的"特权"之一。除非女士坚决要求自己"买单"，否则没有什么例外。只有当身边的女士拿起餐具进餐时，男士才能加以仿效。

在西方正式的宴会上，通常女主人是第一顺序。其他宾客要做的事情，就是随她跟进。西方的女主人在正式的宴会上是不必动手操劳的。

当有女士在场时，是不允许男士吸烟的。他即使是问一下女士是否介意自己抽一支烟，都是不应该的。

在西方国家里，我国的男士应当像绅士一样地照顾周围的女士，而我国的女士如果遇上外国男士友善地为自己效劳时，则应当大大方方地表示谢意，而大可不必怀疑对方居心不良，或是表现得扭扭捏捏、显得自己没有见过世面。

尊重上级是一种天职，尊重同事是一种本分，尊重下级是一种美德。

尊重客人是一种常识，尊重对手是一种风度，尊重所有人则是一种教养。

我们必须强调：运用礼仪、学习礼仪时最最重要的就是尊重！

——金正昆

# 第12篇
# 遵时守约的你

大家好，在本篇里我将和大家谈谈在国外遵时守约的重要性及其具体操作。

在我国古代，早就有"君子一言，驷马难追"之说。时至今日，"言必信，行必果"，依旧被中国人民视为做人所应具备的基本美德之一。实际上，中国人的这一见解在国际社会中也可以找到许许多多的知音，因为在国际交往中"遵时守约"早已被视为现代人为人处世的基本法则之一。

"遵时守约"的主旨，就是要求我们在国际交往中必须信守约定。也就是说，每一位身处国外的人，都应该义无反顾地遵守自己对他人所作出的各项正式承诺，坚持以诚信为本。

它要求，在与他人打交道时，说话务必要算数，许诺一定要兑现，约会时必须要如约而至。对一切与时间相关的正式约定，都应该严格加以遵守。

人所共知，在各种人际交往特别是跨国家、跨地区、跨民族、跨文化的国际交往中，取信于人早已被公认为是建立良好人际关系的基本条件之一，同时也是生活于文明社会的现代人所应具备的一种优良品德。

在国外，要做到"遵时守约"主要有两个要求，即：信守承诺；遵守时间。

**首先，一定要信守承诺。**

它是"遵时守约"的核心之点。所谓承诺，一般是指对别人所许下的某种诺言，或者是对别人的某一要求答应予以照办。

简而言之，信守承诺就是要求人们在走出国门时，也要说话算数、诺言兑现。

身处异邦，在人际交往的各个环节都需要做到诚实守信。在处理工作中有关承诺的具体问题时，特别应当重视下列两个基本方面：

**其一，重视承诺。**

在人际交往中，特别是在国际交往中，一个人是否信守自己的承诺，直接关系到其个人信誉。一个人如果信守承诺、言而有信，就等于以实际行动证明自己言行一致。尊重交往对象，同时也是对自己的尊重。而实际上也只有这样的人才会在社会上获得良好的口碑，才能真正立足于社会，并赢得人们的尊重。

与之相反，在人际交往特别是在国际交往中，视承诺为儿戏，出尔反尔、言而无信、有约不守、守约不严，或者随意撕毁自己的庄严

承诺，不仅仅是失信于人、不尊重交往对象，而且是不讲究交际规则、不重视个人信誉、不尊重自己的表现。

我们必须充分认识到：在国际交往中能否做到言而有信、遵守约定，与自己是否重视个人承诺密切相关。而重视个人承诺与否，又直接关系到自己对于个人信誉的重视与否。

在现代社会里，尤其是在国际交往中，信誉往往无比重要。

从某种意义上来讲，信誉就是生命，信誉就是形象，信誉就是社会关系，信誉就是工作效率。

对于一个人、一个组织、一个民族乃至一个国家而言，莫不如此。个人不讲信誉，在社会上就会难以立足；组织不讲信誉，在工作中就会难以有所进展；民族或国家不讲信誉，在国际上则会失去其自身的尊严。

**其二，慎于承诺。**

既然承诺在人际交往中尤其是在国际交往中事关个人、组织、民族乃至国家信誉，那么不论在其实际工作中，还是在日常生活中都必须极其慎重地对待承诺问题。

只有慎于承诺，才能确保承诺的兑现。

在国际交往中要想做到慎于承诺，以下三个要点不得不加以强调：

**一是需要三思而行。** 在国外与人打交道时，不论双方关系如何，在需要许诺于对方时，一定要三思而行、慎之又慎。不论答应对方所提出的要求，还是自己主动向对方提出建议，或者是自己诚心诚意地许诺于对方，都一定要经过事先的深思熟虑、反复斟酌。

当有必要向对方承诺时，一定要有自知之明。务必要量力而行，一切从自己的实际能力以及客观可能性出发。切忌好大喜功、草率行事，致使承诺"满天飞"。须知：如果滥用承诺，个人信誉便会贬值。

在承诺某一具体事项时，一定要认真思考、瞻前顾后、字斟句酌、力图周全。既不能模棱两可、含糊不清，也不能信口开河、言过其实，使承诺难以实施。

**二是需要认真遵守**。在人际交往中，往往许诺容易、兑现难。所谓"言而无信"，就是人们对那些不遵守自己承诺的人所进行的谴责。

在国际交往中，我方一旦作出承诺，就必须予以兑现。只有这样，我方才能够以实际行动证明自己"言行一致"，才会赢得对方的好感与信任，才有可能与对方"后会有期"、常来常往。

我们中国人向来喜欢说："中国人说话历来都是算数的。"只有认真遵守有关承诺，才能令外国人真正确信这一点。

为了兑现已有的承诺，还必须尽可能地避免对既往的正式承诺进行任意的修正、变动。切勿随心所欲地对其加以曲解，切勿擅自予以否认、取消，或者在执行中"偷工减料"。

**三是需要说明原委**。正所谓"世事难料"，或许你在兑现承诺方面一向不遗余力，然而在极个别的场合，却也有可能出现一时难以兑现承诺的情况。此时，一定要采取必要的补救性措施，以挽回自己的信誉。万一由于某些难以抗拒的原因而导致单方面失约，或是部分承诺难以继续兑现，一定要通过正式渠道尽早向对方说明具体原委。除了要向对方作出如实的、合理的、可信的解释之外，还应当为此郑重其事地向对方道歉，主动承担按照惯例或约定应给予对方的合理赔偿，并应在力所能及的前提下采取一切可行的补救性措施。

在万不得已造成失约的情况下，是绝对不应该一味推诿、避而不谈、得过且过，或者对失约之事加以否认的，更不允许拒绝为此而向对方表达歉意。

**其次，一定要遵守时间。**

遵守时间，是信守承诺的具体体现之一，有时甚至是其最重要的一项要求。任何一个不懂得遵守时间的人，在人际交往中都是难以遵守其个人承诺的。遵守时间作为走出国门必须要遵从的要则之一，主要是要求大家在国外要具有严格的时间观念。

目前，遵守时间在国际社会里已成为衡量、评价一个人文明程度的重要标准之一。因此，绝对不可疏忽大意、不以为意。

具体而言，要做到"遵时守约"，应当特别注意下列三个问题：

其一，要有约在先。

人生一世，自己所能拥有的时间其实十分短暂。美国政治家富兰克林曾提醒世人：你热爱生命吗？那么请别浪费时间，因为时间是组成生命的材料。

在现代社会里，"时间就是生命，时间就是机遇，时间就是金钱"

早已成为世人认可的、具有普世性的时间观。

因此，在与他人交往时，一定要珍惜彼此的时间，尤其不可对对方的宝贵时间造成任何形式上的浪费。

在交际中，不浪费对方时间的最为切实可行的做法，就是要对双方进行交往的具体时间有约在先。

有约在先，不仅适用于正式交往，而且也适用于非正式交往。其基本要求，就是提倡人们在人际交往中必须事先约定好具体时间。

在人际交往中，不论不邀而至、充当不速之客，还是任意顺访、率性而为，都是不尊重交往对象的表现。

若要做到有约在先，关键是要提前约定有关交往的具体时间。它主要包括双方交往的具体起始时间与延续时间等两个方面。在这个问题上，要尽可能的具体、详尽，约定得越具体、越详尽越好。

在约定具体时间时，还要考虑交往对象的习惯和方便与否。尽量

不要占用对方的休息时间或工作过于繁忙的时间。

一般而言，凌晨、深夜、午休时间、就餐时间以及节假日，国外人士大都忌讳被外人打扰。总之，在约定具体时间上，应当尽可能地做到两厢情愿。

其二，要如约而行。

遵守时间，既要求其在具体的交往时间上有约在先，更要求其根据既定的时间如约而行。

如约而行，通常比有约在先更加重要。

所谓如约而行，在此特指要按照与交往对象事先约定的双方交往时间，准确地加以执行。

在参加正式的官方活动，或者出席会议，以及其他类型的社交聚会时，你还要养成正点抵达现场的良好习惯。在此类活动中，姗姗来迟或过早提前到场都会显得不合时宜。前者会令其他人久久等待，后者则会使对方人士措手不及。

对其他不论有关工作还是有关生活的具体时间约定，例如承诺给予对方答复的时间、约好双方一同出行的时间，以及许愿给对方写信、打电话、发传真、发电子邮件的时间等，你同样需要言出必践。

如果双方已经有约在先确定了具体交往时间，则我们不应轻易改动。万一因特殊原因而需要变更时间或取消约定，应尽快向交往对象进行通报，切忌让对方对此一无所知、空候良久。

其三，要适可而止。

在国外行事，还须谨记"适可而止"。

所谓"适可而止"，就是要求大家在人际交往中不宜拖延时间，而应当适时结束。

对一些事先约定了交往时间长短的活动，例如，限时发言、限时会晤、限时会议以及其他有时限的活动等，参与时一定要心中有数，绝不能超过规定的时间。即使对方"网开一面"，也绝对不要纵容自己。

对一些并未事先约定时间长短的活动，例如，私人拜访、出席家宴、接打电话等，通常都讲究宜短不宜长。宁肯"提前告退"，也不应当无节制地拖延时间。不邀而至、充当不速之客，或者任意顺访、率性而为，都是不尊重对方的表现。

## 第 13 篇
## 热情有度的你

大家好！本篇我将主要来谈谈在国外如何做到热情有度。

众所周知，在人际交往中，待人热情者往往最受欢迎。法国大文豪伏尔泰早就坦言：一个人若没有一点热情，则将一事无成。

中国人一向以待人热情而著称。中国人认为，待人热情，不仅意味着自己对待交往对象具有诚意，而且还意味着自己对对方充满了友好、关怀与热忱。

在国内，国人能做到热情待人、友好交往自不待言，在国际交往过程中，我们亦须对外方人士热情相待。实际上，这与在国内的人际交往并无多少差别。但是，我们在对外国朋友热情相待时，必须有一个"度"的限制，即一定要切记"热情有度"。

作为国际礼仪中的一项基本法则，"热情有度"就是要求我们在与外方人士进行接触时，既要注意为人热情，以示友善之意，更要充分把握好为人热情的具体分寸。否则就有可能事与愿违，甚至会闹出笑话。这里所说的"具体分寸"，指的就是所谓"热情有度"之中的"度"。

如果要对"热情有度"进行更为准确的描述，它实际上就是要求我们在待人热情的同时，一定要铭记：自己的一切言行，均应以不影响对方、不妨碍对方、不给对方添麻烦、不令对方感到不快、不干涉对方的私人生活、不损害对方的个人尊严为基本底线。

在国外与人打交道时，若掌握不好这个限度，而去对对方"过度"

热情，就很有可能使自己不适当地"越位"，从而导致自己好心办坏事。

具体而言，在国际交往中要想真正做到"热情有度"，关键是要掌握好下述四个基本限度：

**首先，关心有度。**

在人与人之间，理当提倡互相关心、互相爱护、互相帮助。在社会生活中，人与人之间的关系往往是"一人为大家，大家为一人"。离开了互相关心、互相爱护、互相帮助，人人只求利己、不讲利人，人际关系就将变得冷漠无情，社会就没有温馨可言。

在国际交往中，对待外方人士理应表示出必要的关心。但考虑到"热情有度"的因素，我们对其所表示的关心没有必要"无微不至"，而是应当有意识地加以限制，此即所谓"关心有度"。

按照惯例，它主要体现在以下三个方面：

**第一，无碍对方个人自由。**

在一些国家，人们对个性独立十分推崇。在很多外国人眼里，没有任何东西可以与个人自由相提并论。没有个性独立、没有个人自由，对他们而言，就等于没有任何个人尊严。因此，对外国朋友所表示的关心，在任何时候都应以不妨碍其个人自由为前提。

**第二，不令对方感觉不便。**

对外方人士表示关心时，无论如何都不应令对方产生"多此一举"的感觉。因此，在对对方表示关心之前，首先要明确"应当关心什么"、"不应当关心什么"。

就客观效果而论，如果你想对外国朋友表示关心，理应在某些方面有利于对方，而不应令对方感觉不便或不快，更不能在一定程度上为之增加一些毫无必要的麻烦。

**第三，勿使对方勉为其难。**

对外方人士所表示的关心，在任何情况下都应恰到好处，令对方愉快地接受，甚至为此感到幸福。实际上，只有恰当地给予对方最为迫切需要的关心，才会收到如此功效。对方所不需要的关心，就是给予得再多也没有任何益处。

在国际交往中，我们一定要对这些问题加以注意。一旦发现自己给予对方的关心不受欢迎，就应适可而止，千万不要"再接再厉"、强人所难。

**其次，批评有度。**

"批评与自我批评"，一直为中国人民所推崇。但在国际交往中，此话则应另当别论。

在国内，亲朋好友之间讲究以诚相见、推心置腹。常人的看法往往是，对他人开诚布公、直言不讳、大胆批评、不讲情面、勇做诤友，才算是"真君子"、"够朋友"。但是，走出国门后，仍然采用此种做法却是必定行不通的。与外方人士打交道时，必须做到"批评有度"。即对对方何处可以批评、何处不可以批评，一定要心中有数。如果对其的批评不加任何限制，甚至加以滥用，那么对双方关系是极有危害的。

具体来说，在国际交往中讲究"批评有度"，关键是指批评要讲究内容、讲究方式、讲究场合。

**第一，讲究内容。**

一般而言，在大是大非的问题上，诸如关系到国格、人格、道德、法律、身体健康、人身安全、正常工作等问题时，我们完全有理由对对方的错误、缺点给予批评指正。在事关国家利益与国家安全的重大原则问题上，则更是有此必要。

但在涉及因民族风俗不同、文化背景不同、生活习惯不同、个人选择不同而导致的某些个人的不同做法方面，则没有必要对外方人士的所作所为小题大做、"上纲上线"，更没有必要动辄评判其是非曲直。

**第二，讲究方式。**

即使对外方人士有进行批评的必要，仍须注意其具体的方式、方法。对任何人而言，简单粗暴的批评都不会受到欢迎。批评同样应当做到让被批评者如沐春风、如饮朝露，并欣然接受。

根据经验，对外国人士应当力戒"命令式"、"训斥式"、"讽刺式"与"侮辱式"的批评，同时也不应给人以居高临下之感。采用"平等式"、"讨论式"、"寓言式"或"设问式"进行批评，往往更易为外方人士所接受。

**第三，讲究场合。**

除非情况极为特殊，我们对外方人士所进行的批评通常都不宜当众进行。批评最好是在私下单独进行，不要有意搞"公开化"，切勿将对方的缺点与错误"公开示众"。当众对其进行批评，往往容易伤害对方的自尊心。

**再次，距离有度。**

在一般情况下，中国人在进行交际应酬时，对彼此之间的空间距离并不十分介意。有些时候，关系越是密切的人，越是讲究"亲密无间"。除成年异性之外，人们大抵如此。

但是在国际交往中，我们却绝对不宜照此行事。一般而言，外国人对于人际交往中的彼此距离通常非常重视。他们认为，人与人之间不同的空间距离，实际上与彼此之间心理距离的不同直接相关，关系不同的人理应有各不相同的"交际圈"。

因此，"距离有度"已成为涉外交往的基本法则之一。其具体含义是：在正式场合与外方人士共处时，应视当时具体关系的不同，而与对方保持与双方关系相适应的、适度的空间距离。

若与外方人士相距过近，会令对方产生其私人空间被"侵犯"之感；若与外方人士相距过远，则又会令对方感到有被故意冷落之嫌。

在这里有必要介绍一下，外国人是如何按照距离所代表的意义来掌握彼此之间距离的，作为大家在具体操作中的参考。大体上，两者之间的距离可以划分为下列四种：

**其一，私人距离。**

所谓私人距离，在此是指交往双方彼此之间的空间距离在0.5米之内。一般而言，此种距离，仅仅适用于家人、恋人和至交之间，或是对老、弱、病、残、孕者进行必要的照顾之时。因此，它通常又被人们称为"亲密距离"。

**其二，交际距离。**

所谓交际距离，在此是指交往双方彼此之间的空间距离保持在0.5—1.5米之间。此种距离，主要适用于一般性的各种人际交往。因此，它又被称为"常规距离"。在绝大多数情况下，与外方人士打交道均应与对方保持此种距离。

**其三，礼仪距离。**

所谓礼仪距离，在此是指交往双方彼此之间的空间距离保持在1.5—3米之间。此种距离，主要适用于某些较为隆重的场合，例如，庆典、仪式、会见、会议等，意在向交往对象表示特殊的敬意。正因为如此，这一距离又被称为"敬人距离"。

**其四，公共距离。**

所谓公共距离，在此是指交往双方彼此之间大于3米的空间距离。此种距离，主要适用于在公共场所中与素不相识的外方人士共处之时。按照多数外国人的习惯，在公共场所中，陌生人之间绝对不宜相距过近，否则就会令彼此感觉不快。这一距离，有时亦称"有距离的距离"。

**最后，交往有度。**

在与外国人相处时，我们还必须坚持"交往有度"。所谓"交往有度"，此处指的是在与外方人士进行接触时，不论双方之间的具体关系如何，均应与对方保持一定的距离。唯有这种距离保持得适当，我们与外国朋友之间的关系才能够保持正常。

具体而言，交往有度的主要要求是：不妨碍对方的工作；不妨碍对方的生活；不妨碍对方的休息。

**其一，不妨碍对方的工作。**

与外方人士交往时，一定要以不妨碍对方的工作为前提。此处所说的"不妨碍对方的工作"，主要有如下三重含义：

一是不能影响外方人士正常的公务。否则，与对方的交往，就会变成对方的负担。

二是不能给对方工作增加麻烦。即使与外方人士的交往无助于其具体工作，也不能给对方"帮倒忙"。

三是不能妨碍对方工作的开展。在任何情况下，与外方人士的交往都不应成为其工作的"绊脚石"。

**其二，不妨碍对方的生活。**

在国外，人们习惯于将工作与生活分得一清二楚。在工作中，讲

究的是规章与制度；而在日常生活里，强调的则是个性与自由。二者之间，通常泾渭分明，不可混淆。

在与外方人士相处时，我们应尽量将工作与生活、公事与私事区分开来。在一般情况下，切忌在工作中处理私人生活问题。同样道理，若非万不得已，也不宜让例行的公事去打扰别人的私人生活。

**其三，不妨碍对方的休息。**

在实际生活中，我们每一个人都需要休息，都需要在仅仅属于自己的私人空间里松弛身心、调整状态。因此，即便交往对象属于至交密友，也要充分尊重其个人休息的权利，尽量不要影响对方的休息、打扰对方的安宁。

因此，在与外国人交往时，我们没有必要与对方形影不离，更不要对对方纠缠不放。当对方需要休息，特别是在其表现出明显的疲倦困乏时，一定要主动为之创造休息的条件。

第 14 篇

**维护隐私的你**

各位好，以下我来谈谈维护个人隐私的问题。

凡是对中外习俗的差异有所了解的人都知道，在对待个人隐私的具体问题上，中国人的传统做法往往与多数外国人的习惯大相径庭。按照一般中国人的思路，人与人相处，特别是在亲朋好友之间，并不存在什么"不可告人"之事。因此，一名正人君子就应当"明人不做暗事"，将自己的一切都坦言相告于他人。

但在其他国家里，人们却总是对个人隐私非常重视。在那些国家里，保护公民个人隐私，往往是法律赋予公民的基本权利之一。所以，不打探个人隐私已被视为现代文明的重要标志之一。

目前，维护个人隐私已经逐渐发展成为一项国际交往的惯例。因此，在国际交往中，我们也就必须对其予以高度重视。

所谓个人隐私，从一般意义上讲，是指一个人出于个人尊严或者其他方面的特殊考虑，而不愿意对外公开、不希望外人了解的私人事宜或个人秘密。

维护个人隐私，在此是指我们在与外国人进行各种接触时，一定要对对方的个人隐私权予以尊重，不能主动打探或直接、间接地涉及对方的个人隐私问题。

在国际交往中贯彻"维护隐私"这一规则，主要就是要养成莫问隐私与保护隐私的习惯。

**一方面,是要莫问隐私。**

通常,在你与外国朋友交往应酬时,绝对不允许任意打听对方的个人隐私。

按照常规,如下九个方面的私人问题均被外国朋友视为"不可告人"的"绝对隐私"。对此九个问题,你切切不可直截了当地向对方主动打探。

**其一,收支情况。**

在国外,每个人的收入与支出,都属于最不宜直接打探的个人隐私问题。人们的普遍看法是:每个人的实际收入与支出,通常都与其个人能力、社会地位存在着一定的因果关系。因此,个人收入与支出的多少,就如同本人的脸面一般,十分忌讳别人的过多关注。

不仅如此,除直接的收入与支出之外,那些可以间接反映出个人经济状况的私人问题,诸如银行存款、股票收益、纳税数额、居所位置、私宅面积、私车型号、服饰品牌、度假地点、健身项目、娱乐方式等,因其与个人的收入与支出密切相关,通常也都是不欢迎外人来打探的。

**其二,年纪大小。**

在许多国家与地区,人们都将本人的实际年龄视为自己的"核心机密"之一,绝对不会主动告之于人。其中的缘由,恐怕在于外国人普遍忌讳"老"。他们的愿望是:自己应当永远年轻。在他们眼里,"老"了就意味着失去了机会,就得告别社会舞台,而年轻则意

味着自己充满了活力、希望与机会。

特别需要指出的是，有以下两种外国人尤其忌讳被人问及年龄或被人尊为"长者"：

一类是"白领丽人"。对她们来说，自己最好永远年轻。一旦上了年纪，就等于宣告自己"人老珠黄"，并且应该"告老还乡"了。

另外一类则是老年人。如果问其年纪，就意味着他们"不行了"。若称其为"长者"，则如同讥讽他们"自不量力"一样。

**其三，婚姻家庭。**

一名有责任感的中国人，对其家人、亲友、同事的恋爱、婚姻、家庭问题，往往时常牵挂在心。当中国人相聚时，彼此了解一下对方"有没有对象"、"结婚与否"、"是否生儿育女"、"夫妻关系怎样"、"婆媳关系如何"等，都是司空见惯的。

然而在国外，此类与恋爱、婚姻、家庭直接相关的问题，却都是人们在交谈中所讳莫如深的。

对此，外国人的普遍见解是：家家都有一本难念的经。随意向外人打探此类婚姻家庭问题，极有可能触动对方的伤心之处，伤害对方的自尊和自信，甚至会令对方感到难堪。

在有的国家，你如果直接向异性打探此类问题，不仅会被对方视为无聊之举，而且还有可能会被对方控告为"性骚扰"，进而吃上官司。

**其四，健康状况。**

在国外，人们普遍将个人的健康状况看作是自己最重要的"资本"。一个人身体健康，往往意味着自己前程远大，建功立业的机会甚多，并且可以在社会上赢得广泛的支持。如果身体状况欠佳，则意味着自己"日薄西山"、前途渺茫，不仅失去了个人发展的许多机会，而且也难以在个人事业上取得他人的支持。

正因如此，在与外国人交谈时，绝对不要涉及其个人身体状况。诸如健康与否、身高多少、体重几何等问题。此外，还不可与之交流有关"求医问药"的心得体会。

**其五，个人经历。**

所谓"英雄莫问出处"一说，在国外广为流行。它是指在与他人交往时，忌讳打听其既往的个人经历。若不跟对方"见外"，一而再、再而三地刨根问底、细查其"户口"，则往往会给人以居心叵测之感。

一般而言，我们在与外方人士进行交谈时，至少有下列四个最关键的个人经历问题不宜向对方打听：一是对方的籍贯；二是对方具有何种最高学历、学位；三是对方拥有何种技术职称或行政职务；四是对方曾经有过哪些职业经历。

**其六，信仰政见。**

目前，国家之间的合作，讲究的是求同存异与"和而不同"。生活在当今这个多元化的世界里，人们必须客观地承认：各国的社会制度、司法体系、政治主张、意识形态均存在着明显的差异。因此，各国的事情应由各国自己负责，各国人民都拥有自行选择本国发展道路的决定权。

在国门之外，如欲真正求得与他人交往的顺利、合作的成功、双方的友好，则双方都应不以社会制度划线，不强调司法体系、政治主张的不同，并应超越双方意识形态方面存在的差异，处处以大局为重、以和平与发展为重、以友谊为重、以信任为重、以国家利益为重。

有鉴于此，我们在与外方人士交谈时，通常不宜对对方的政治见解或意识形态、宗教信仰表现出过多的兴趣，更不宜对其政治见解、意识形态、宗教信仰等品头论足、横加非议，或是"唯我独尊"，蛮横无理地将本人的立场、观点，或将"一知半解"的认识强加于人。

此外，在国外，对与个人政治见解密切相关的从属于何种党派、哪种教派或政治性团体的问题，通常也不宜向他人进行打探。

**其七，生活习惯。**

中国人在聊天时，有关个人的生活习惯常常会成为中心话题。然而在国际交往中，你却应该主动地放弃这一话题。

在外国人眼里，个人习惯与别人毫不相关，所以也就完全没有为外人所了解的必要。他们认为，倘若对他人的个人生活习惯过分地感兴趣，那么不是别有用心，就是有意于对方了。

必须了解的是，有关个人饮食、起居、运动、娱乐、阅读、交友等方面的生活习惯，都在绝大多数外国人"秘不示人"之列。

**其八，所忙何事。**

在国内，"忙什么呢"与"身体好吗"、"吃过饭了没有"，是人们相逢时互致问候的"老三样"。每一位中国人，一定会经常问候自己的同胞："最近在干什么"、"现在上哪里去"、"为什么好久都没有见到你"。但是，对于一般的外国人来说，是绝对不会乐于回答此类问题的。

外国人的看法是：自己"所忙何事"仅与自己有关，与别人并无干系，所以"不足为外人道也！"有时他们还担心此类问题一旦被人深究，就有可能泄露个人的最新动向乃至行业秘密，从而使自己的生活与事业受损。因此，他们绝对不愿此类问题在外人面前"曝光"。

**其九，家庭住址。**

中国人的交际习惯之一，就是喜欢经常到亲朋好友家里去串门，并且乐于邀请对方上门做客。然而在国际上，绝大多数外国人都将私人居所看作是自己神圣不可侵犯的"个人领地"，非常讨厌别人无端地对其进行打扰。加之他们平时多数时间都在外面为事业辛劳奔忙，所以在其居家度日时就更加忌讳别人破坏自己的休息与宁静。

在一般情况下，若非自己的亲属、至交、知己，外国人都不大可能邀请外人到自己家中做客。必要时，他们宁肯花钱去高档餐厅请客吃饭。在一般性的人际交往中，大多数外国人不仅对自己的家庭住址绝对保密，而且还不会把自己的私宅电话号码轻易告之于人，因为这与前者直接相关。碰到不识趣者对此贸然打听时，他们往往会"顾左右而言他"，根本不会去正面作答。

如上九个在国际交往中不宜直接向外方人士打听的私人问题，通常被称为"个人隐私九不问"。只要将其铭记在心，你就不容易在"维护隐私"方面犯规了。

**另一方面，则是要保护隐私。**

在国外与人交往时，你除了要做到莫问他人隐私之外，还应努力做到保护隐私。只有这两个方面都做好了，才可以说是真正地做到了"维护隐私"。

所谓保护隐私，在此特指在国际交往中一定要不传播、不泄露隐私问题。换言之，就是要主动采取必要的措施去维护个人隐私。

就其具体内容而论，要真正做到保护隐私，就需要兼顾保护自己的隐私、保护我方人员的隐私、保护外方人士的隐私与保护其他人士的隐私。

**其一，保护自己的隐私。**

在国际上与人交往，你首先必须具有必要的自我保护意识，并在实际工作中采取相应的措施。保护自己的隐私，乃是自我保护的一个重要方面。

走出国门后，你应当始终牢记，在与外国人进行交际应酬时，千万不要对自己的个人隐私问题直言不讳，甚至有意无意地"广而告之"，即便是间接地那样去做，也是不适宜的。

在国际交往中，如果你动不动就对外方人士大谈特谈自己的个人隐私，并不会被对方视为坦率，而是要么会被其看作没有教养，要么则被理解为别有用心。

**其二，保护己方人员的隐私。**

如果你并不是一个人在国外学习或工作，那么在保护自己的个人隐私的同时，你往往还须保护我方其他人员的个人隐私。同时兼顾到这两方面，对人对己都有好处。

保护我方其他人员个人隐私的具体措施，就是不允许个人向外方人士主动传播、主动泄露、主动扩散我方其他人员的隐私。

在与外国人交谈时，一方面，不宜以此类问题作为交谈的主题；另一方面，当对方具体涉及此类问题时，则应予以回避。

**其三，保护外方人士的隐私。**

由于种种原因，我们在国外往往会对一些外方人士的某些个人隐私问题有所了解。但必须清楚，对自己所拥有的这种"特权"绝对不可以"滥用"。

不论你无意了解到的对方个人隐私，还是外方人士主动告知自己的个人隐私；不论在公开场合，还是在私下，你都切切不可将其向外界披露。否则就会失去对方的信任，甚至还会为此惹出麻烦。

**其四，保护其他人士的隐私。**

此处所谓"其他人士"，是指在国际交往中除去交往双方之外的第三方人士。在国际交往中，对其他人士的个人隐私，你也负有予以保护的义务。若对其他人士的个人隐私"畅所欲言"，甚至生编滥造、无中生有，或道听途说、以讹传讹，便会有失身份、有损人格，会给自己交往的对方留下不佳的印象。

关于如何维护隐私的礼仪规范，我就讲述到这里。希望它能够帮助你在走出国门之后既尊重他人，又保护自己。

# 第 15 篇
## 谦虚得当的你

大家好！下面，我们来具体谈谈在国外既谦虚低调，但又不失风度的具体做法。

中国人历来都颇为反感在他人面前妄自尊大、自我张扬、不懂谦虚，而一向讲究含蓄、委婉、低调，强调"喜怒不形于色"，惯于自谦、自抑甚至自贬，反对自我张扬、自我表现。

在中国人的为人处世之道中，"满招损，谦受益"一直受到提倡。待人不够谦虚的人与喜欢自我表现的人，在人们眼里往往不是嚣张放肆，就属于不会做人。

客观地说，古今中外之人都是主张为人谦虚的。

法国思想家卢梭曾道：最有学问和最有见识的人，总是很谦虚的。

法国文学家蒙田则认为：缄默和谦虚，乃是交际的美德。

毛泽东亦有其名言：虚心使人进步，骄傲使人落后。

然而凡事过犹不及。某些中国人在强调为人谦虚之时，往往不幸地走到另外一个极端：他们将谦虚片面地理解为自我否定、自我贬低。诚如歌德所言：妄自尊大和妄自菲薄，都是严重的错误。在现实生活中，尤其在与外国人交往时，如果过分谦虚，往往还会产生出不少问题。

在绝大多数外国人看来，为人谦虚固然重要，但绝对不宜谦虚过"度"，变成自我否定、自我贬低。

"过分的谦虚，是对于自然的一种忘恩负义；相反地，一种诚挚的自负,却象征着一个美好伟大的心灵。"——法国哲学家拉梅特利的这种说法,早已为绝大多数外国人所认同。

因此,在需要进行自我评价时,我们既不应该自吹自擂、自我标榜、骄傲自大,也没有必要妄自菲薄、自轻自贱、自我贬低、自我否定,或者过分地谦虚、客套,以至于使人感觉缺乏自信、虚情假意,而是要学会从正面对自己进行评价或肯定。

用德国哲学家叔本华的话来说就是:伟大就是伟大,不凡就是不凡,实在无须谦逊。

以上这些说法,实际上都体现了国际交往的一条重要法则——"不宜过谦"。

我们在坚持"不宜过谦"的法则时,重点是要做到谦虚得当,要善于肯定自我,并且要在展示实力、突出业绩、表达敬意等方面多下工夫。

**首先,是要肯定自我。**

坚持"不宜过谦"法则的主旨,就是要求外事人员在外方人士面前,要善于进行自我肯定。也就是说,对自己的评价务必要客观、公正、实事求是,绝对不能对自己没来由地否定。在实事求是的前提下,要善于发现自己的长处,并且还要善于将其在对方面前恰到好处地表现出来。

那么,到底怎样做才是正确的自我肯定呢?主要有以下四点:

**其一,充满自信。**在人际交往中,一个人对自己有无自信是非常重要的。只有自信的人才会获得别人的尊重,而缺乏自信的人则往往难以获得别人的好感。一般而言，外国人通常认定：唯有自信的人，才敢于进行自我肯定。

**其二，具有实力**。在多数外国人看来，只有具备一定实力的人，才拥有进行自我肯定的资本。从某种意义上说，进行自我肯定，实际上就是公开承认自己具有一定的实力。而肯定自我，也就等于是确认了自身实力。对现代人而言，在激烈的竞争中，自身拥有一定的实力是应当为之自豪的，因此完全没有必要对此进行自我否认。

**其三，光明磊落**。在与外国人相处时，理当与之坦诚相见、光明磊落。凡是需要自我评价时，只要不违反有关禁忌即应直言不讳、实事求是。因为在对方的心目中，敢于正面肯定自己，意味着为人诚实无欺，反之则会给人以虚伪、做作之感。

**其四，体现自尊**。从根本上看，肯定自我是对个人自尊的必要维护。英国人哥尔斯密曾经说过：人皆有错，过分谦虚即是一错。在外方人士的意识里，过分谦虚的最大过错，就是对个人自尊造成了伤害。

**其次，是要展示实力。**

在外国人面前，你可以并且应当将自身所具备的实力尽可能地展示出来。

所谓实力，在此是指一个人所具有的自身素质、自我条件及其实际能力。

所谓展示实力，具体而言，就是要求我们在面前，要善于表现、善于肯定自己客观上具备的自身素质、自我条件以及实际能力。在展示个人实力时，一方面要坚持"正面宣传"，另一方面则要注意"言之有物"。一般而言，如果自己具备下述"实力"，在外国人面前就应当尽可能坦率地进行展示。

**其一，自身相貌**。每一个人的相貌，都有其自身特征，都有其与众不同的特点。从这种意义上来说，每一个人的相貌都具有一种独一无二的美感。对此点，理当自我肯定。

**其二，服饰品位**。由于每个人各自的审美习惯不同，也就决定了其对自身日常服饰的不同选择。其实，每个人所选择的自身服饰都具有一定的相对合理性。因此，就一般意义而言，没有任何必要在外人面前否定自己的服饰品位。

**其三，文化素养**。一个人所具有的文化素养，有的来自其接受的正规教育，有的来自其个人的独特经历，有的则来自其家庭传承。在国际交往中，尽管提倡"学人之长，补己之短"，但却不应全盘否定自身的文化素养。将中国传统文化或个人所受过的教育说得一无是处，显然是不应该的。

**其四，生活情趣**。热爱生活，肯定是人的一种美德。对自己的生活习惯、生活情趣、个人爱好等，只要其无害于人就可以坚持下去，并且可以不断地充实、提高、调整。其实，生活情趣并无高雅与庸俗之别，关键在于一个人自己有没有自己的生活情趣。

**其五，社会地位**。虽然人与人之间存在着性别、年龄、职业、民族、国籍以及实际职务的差异，但是大家的社会地位理当完全平等。在外国朋友面前，我们务必要做到平等待人、不卑不亢。在任何情况下，既不能盛气凌人，当然也不应自惭形秽。

**再次，是要突出业绩。**

在与外国人接触时，不论是否曾与对方共事，均可对自己取得的成绩进行必要的肯定。因为按照大多数外国人的理解：怨天尤人者，实为工作与生活中的失败者。只有真正的成功人士，才不会否定自己在事业上所取得的成绩。在个人业绩上，我们完全可以做到一是一、二是二，有什么、说什么。

外方人士在介绍自己的个人业绩时，一般非常注意以下两个具体的方面：一是讲究突出重点、扬长避短；二是讲究"以例服人"，即喜欢以大量的具体实例来说明问题。当我们需要介绍个人业绩时，不妨对此予以借鉴，并且应当注意突出以下三点。

**其一，学习成绩**。人的一生应当在学习上永不停步，就像古语"活到老，学到老"所言。对学而不厌者，对方往往会十分钦佩。因此，在介绍自己的学习情况时，不妨直截了当地说明自己读过什么书、发表过什么论文、掌握了何种外语等。

**其二，工作成绩**。对自己的专业技术水平、实际工作能力、爱岗敬业态度以及因之而获得的荣誉嘉奖，要敢于在外国朋友面前适时地有所展示，并且引以为荣。只有这样，才会使对方更为全面地了解自己的实际能力，从而受到对方的尊重。

**其三，生活成绩**。在国外，人们对自己的家庭生活十分重视。在他人面前，外方人士不仅对自己婚姻美满、妻贤子孝、家人幸福等生活情节津津乐道，而且也欢迎你这样做。他们通常认为，美满的家庭

生活，是一项十分重要的个人成绩。

**最后，是要表达敬意。**

"不宜过谦"法则的一项具体要求是：要敢于和善于向外方人士表达自己所应有的敬意。它具体可以从以下几点来实践：

其一，**没有必要隐瞒对对方的敬意**。在国际交往中，向交往对象表达敬意是一种国际惯例。因此，在与外方人士打交道时，我们不仅要注意对对方充满敬意，而且还要善于将自己的敬意表达出来。

其二，**没有必要否认为对方所提供的帮助**。在与外国人交往时，不论在日常工作中还是社交过程中，一旦有必要介绍自己为对方所做过的具体工作和提供的具体帮助，你就理应善于替自己"评功摆好"，将自己所付出的努力一一道来。若是甘当"无名英雄"，或是贬低、否认自己的本职工作，外方人士就很可能因此而对自己所受重视的程度产生疑问。

其三，**没有必要贬低对对方的礼遇**。在国际交往中，一方所给予另一方的礼遇，既事关对方的实际地位，也涉及双方交往的现状以及对对方的重视程度。因此，在与外国朋友交往时，有必要向对方具体说明我方给予其的礼遇，尤其是当这种礼遇较为特殊或属于"破格"之时。否则，对方就有可能因为不知情而出现误解。

总而言之，在国外谦虚得当与不卑不亢同等重要！希望今天我所讲授的具体内容，能够有助于你在外国人面前表现得更得体、更自信。

第 16 篇
# 入乡随俗的你

佛

40多岁的谭女士可谓见多识广,可她在出访泰国时却惹出一场不大不小的乱子。为了让中国友人更加深入地体验泰国的民俗民情,主人特地安排谭女士一行去家里做客。当主人6岁的儿子被领到谭女士面前,怯生生地向她行合十礼祝福时,眉开眼笑的谭女士立刻习惯地摆出长者的姿态,一只手拉住孩子,另一只手摸着他的头顶,夸奖对方"真乖!"想不到当下竟哑了场,主人的全家明显地面露出不满之意。要不是主人转而"打岔",谭女士还真不好过关了。

相比之下,杨小姐在印度的所作所为就要"漂亮"得多。当杨小姐应邀参观印度教的寺庙时,她不仅特意换了一身端庄典雅的深色毛料套裙,而且在进入寺庙之前还特意脱去了自己的高跟皮鞋。在杨小姐弯腰脱鞋之际,在场的印度人,不管与之相识与否,无不表示赞赏。

从国际礼仪上来讲,谭女士与杨小姐的一对一错绝非偶然,而是与她们对当地风俗习惯的了解与尊重的程度有关的。泰国人信仰佛教,佛教讲究人的头顶最为神圣,是不容他人触摸的,小孩的头顶尤其是如此。谭女士不明就里,把国人长辈对待孩子的一套"照抄照搬"到泰国,在人家宝贝得不得了的头上又拍又摸,在泰国人看来,好似"太岁头上动土",岂不让人恼火。人家当时没跟她过不去,就已经很够意思了。

在印度,人们以牛为神,不仅不得鞭笞,而且倍加敬重。倘若在进入印度教的寺庙时脚穿牛皮鞋，无异于把神圣的牛踩在脚底下，是对它的大不敬，这也是印度人无法容忍的行为。杨小姐知礼讲理，自觉地脱去皮鞋后才进入寺庙，在周围印度人的眼里是对圣牛的敬重，也是对他们的尊重，自然而然地会赢得人们的好感。

入国而问禁，入乡而问俗。既是做人的常识，又是我们出国时所应当遵循的基本法则，对此是没有任何保留和讨价还价的余地的。有意识地对此不闻不问，甚至公然背道而驰，不但有损自我形象，还会伤害其他民族的感情，使他们对我们产生误解，甚至是反感。

例如，现代人讲究保护动物，对于狗更是宠爱有加，特别是西方人。根据西方人的见解，狗并不是普通的动物，而是通人性的，是人类的朋友和其家庭的成员之一。西方人在周末全家去郊外别墅度假，经常是先生开车，太太坐在先生身旁，而孩子与狗坐在车子后排。

在街上行走，人们不仅要自觉、自愿地为女士让路，而且通常也要为狗让路。

去西方人家中做客，主人会把狗称为"先生"或"小姐"，当作其家中的一个成员郑重地介绍给你。客人得体的做法是，应该当着主人的面称道一下对方的爱犬。要是你怕狗，不妨对主人说明。如果串门时碰上狗过来与你嬉戏，你不仅不同它玩耍，不对主人夸奖它，还表现出讨厌它、躲它、踢它，甚至对主人大谈特谈狗肉吃起来的"味道好极了！"此刻主人若是对你另眼相看，那又能怪谁呢？

又如，国外的人一般对感冒、发烧看得特别严重，特别是流行性感冒被当成一种大病，因为人们认为，这些疾病都有可能诱发严重的内脏病症。而在国内，人们却不把感冒发烧当回事。在公共场合有人大打喷嚏，他人也不以为怪。然而在国外的公共场合是不能放肆地打喷嚏、咳嗽的。因为这种行为很可能会把病菌传染给他人，是典型的"不自觉"行为。

而且在国外的公共场合往往也"容不得"戴口罩的人。在国内，人们戴口罩大半是为了防止"喝凉风"，而在国外唯有感冒或其他传染病的患者才会这么做。

再比如，你要是当面夸奖国内的小姐漂亮，对方可能暗地里得意半晌，可是当下只会以否认表示谦虚，说"哪里，哪里"，或"比您差远了。"可是西方人却主张当仁不让，对于他人的赞扬，只有当即说上一声"谢谢"，对此表示承认，才最得体。你要是对西方人的夸奖表示否认，对方会认为你缺乏自信、虚伪，甚至还会不高兴。

目前，各个国家、各个民族由于文化传统、民族习惯和宗教信仰各不相同，都有一些与众不同的风俗习惯。它通常都由一些独特的讲究与禁忌构成，是其社会历史长期发展的产物，并且流传至今。

个别人错误地认为，一些民族的风俗习惯来得莫名其妙，非但不可思议，而且跟封建迷信差不多。

再者，有人会问，不是讲相互尊重吗？为什么偏偏只要求我们迁就别人，而不让他们迁就我们呢？这些态度在实践中都是要不得的。

对于国外其他民族不同于我们的风俗习惯，正确的态度，首先应当是表示理解，同时加以尊重，而不应该大惊小怪，或是妄加非议。这是我们在对外交往的过程中应当掌握的一项基本法则。

不同民族的风俗习惯有一个共同之处，那就是它们都是相沿成俗的，并且都已经经过多年的沉淀，成为各民族的民族文化中不可分割的一个重要组成部分。对此不予以尊重，甚至横加指责，公然与之"唱反调"，只会伤害其他民族的感情，孤立自己。

其实，风俗习惯这种东西，哪一个民族都有。在本质上，它是一种民族文化。

例如，在我国，汉族与傣族都过春节，但大家的过法不同。汉族过春节，讲究包饺子，贴春联，家人团聚，串门拜年。

傣族过春节，则讲究聚集在广场或街头，互相泼洒象征和平与幸福的水，即以泼水节的形式欢度春节。

以上这些讲究，都有其不少的典故，没多少人真正相信，可大家都这么做，因为这是一种传统，一种民俗，一种本民族与众不同的东西。

对于其他信仰宗教的民族，我们也应以宽容的态度尊重其信仰宗教的权利。我们有不信教的自由，人家也有信教的自由。双方谁也不应当干涉对方。

在宗教徒聚居地区所进行的含有宗教色彩、具有宗教传统的庆典仪式和群众性节庆活动，早已成为当地风土人情的一个重要组成部分。对此加以尊重，实属应当。不要因为我们无此宗教信仰，就对人家的所作所为说三道四。

比如，天主教的修女不能结婚。你要是在那里与人家探讨这些做法有无道理，或是对人家表示自己对此难以容忍，都未免显得过于幼稚，甚至会惹恼人家。

必须强调的是，在我们前往其他国家和地区之前，应当有目的地多了解一些那里的风俗习惯，特别是要记住人家的特殊讲究和禁忌，并且加以遵守和回避。因为对其他民族的风俗习惯缺少了解，就根本没有理解与尊重可言。

但凡事都有一个分寸，过犹不及。例如，在一些国家里，女士与男士独处，不可眯起眼睛看对方，特别是身为近视眼而未戴眼镜的你更应当有意识地不要这样做。这样看人，是有"一往情深"之嫌的。不可以在男士面前掩口而笑，或是在公共场合大笑特笑。前者会被视为"特别在意自己留给对方的印象"，后者会被当作行为不检点，有意吸引异性的注意力。

在拉丁美洲的一些地方，男士往往特别的"自我感觉良好"。当女士们处身于那些地方时，遇到有人一个劲儿地看你，或是对你吹口哨，都应当置之不理。即使漫不经心地回敬对方一眼，都会被当作有所反应，而给自己惹来麻烦。

在国外做客，如果结识了新朋友，上门拜访或是临别之际，大家互赠一些礼品以为纪念，是很正常的。但作为女士，不应当接受一面之交的异性送给自己的特别贵重的礼物。自己也不宜送与对方一些含意深刻的东西，以防被对方误解你的意思。

对有些民族的风俗习惯，如果用科学的眼光来看待，无疑难于解释。

例如，西方人在数字方面忌讳"13"，日本人则讨厌"4"与"9"。如果13日与星期五碰在一起，对西方人来讲是绝不可出行和去办大事的，因为那天"晦气至极"。

在色彩方面，日本忌讳绿色，阿拉伯人却对绿色喜欢得不得了。美国人所倾心的蓝色，在比利时却大受诅咒。在欧洲受欢迎的紫色，在巴西却忌讳得很。

中国人认为美丽动人的孔雀，却为英国人所蔑视。

我们不会把蜗牛当一回儿事，美国人却以为此物十分吉祥。

打碎了镜子，会被西方人当成自己运气变坏的先兆。

在商店开业之时被人送来了与火有关的贺礼，对日本人而言实在是大为晦气。

诸如此类，不胜枚举。对此你虽然不必相信，但无论怎么说都不能去干涉指责他人的信与不信。对人家的习俗指手画脚，是没有教养的人才会去做的。希望你在周游世界时能够对此铭记在心。

第 17 篇

# 在日本的你

大家好，本篇中要讲述的，主要是你在日本之时所要遵守的风俗习惯与礼仪规范。

从我国山东省跨海东去，在茫茫的太平洋上，北海道、本州、九州和四国，这四个大岛如浮出海面的琼山玉屿，这便是我们的海上邻邦"扶桑之国"——日本。

今日的日本，作为一个重要的经济大国，在亚洲和整个世界举足轻重。虽然我们中国人大多都是带着复杂的心情来面对这个邻邦，但的确不可忽视其影响深远的文化历史积淀和强大的经济实力。

大和族是日本的主体民族，大和魂如一个巨大的磁石，将这个国家凝聚成一个坚实的集体。而其坚强的自信心，勤劳的工作精神，崇尚"和、敬、清、寂"的茶道等等，这些看起来矛盾重重的事物竟然能很好地统一到一起，不能不说日本像谜一样令人想探个究竟。

**在日本，汉字是到处可见的。**即使你从未学过日语，也能在东京街头不致迷失方向和找错地方。

这一点，最具体地反映在日本人的姓名上。日本人是前姓后名，姓可能是一个、两个或三个字，甚至四五个字，如"姿"、"栗原"、"西园寺"、"武者小路"、"神麻加牟尼"等,其中两字姓最多。女子在出嫁后，随即改随夫姓。在立姓命名时，以山川、寺院、职业、领地为其命名非常常见。

同时，从日本人的姓名中还可以看出其排行和性别：例如，太郎、一郎、一夫、一雄等表示长子；次郎则为次子；这些都是典型的男性名字。而"子"、"代"、"美"、"歌"等，则是女子的名字。在日本，男子尚勇武、女子趋柔美，名字亦是如此。

在日本，你同当地人见面、分别、打招呼、询问、感谢时，都有相应的礼仪。此外，日本人对于握手、拥抱、接吻、合十、招手、鞠躬等礼仪规范的运用也是各有讲究。

**日本人最爱鞠躬，这一点你到了那里之后自会有深刻的体会**。早上起来，鞠躬便会伴随着你这一天的活动。清晨跑步，遇见熟人，应边说你早，边鞠躬。即使对方与你不太熟，也应微微鞠身以示问好。

男人一出门，日本女子也会以鞠躬为其送行。

到了公司，同事相见，都是互致问候，"同鞠其躬"的；上级给你派活，你也应躬身答应；下班离开时也应向同事躬说"对不起，我先走了"；如果同事请你去小酌两杯，那你也应该鞠躬致谢"今晚蒙您款待，多谢"。

在日本，鞠躬最多的人恐怕就是女售货员了。当你去商店时，她们那种礼节和辛苦的程度足可以打动你这个"上帝"。信不信由你，据一家报纸统计，她们不断地向顾客鞠躬，一年人均66.56万次，即一天1800多次！

在日本，你往往难以忘记日本人的微笑。不过不是因为多么地动人，而是由于常常有些莫名其妙，以至于在日本的"老外"们甚至因此而生气。其实，你只要多了解些日本人的性格，就不会有那么多的误解了。因为日本有这样的传统：有关是非的判断不直接说出口，唯恐伤对方的感情，故此往往以微笑来代替。在这里，他们做事、说话，总希望能为对方多考虑一些。

平时，日本人尽可能地不把自己的情绪和判断强加给你。因而在日本，对方赠送东西时会说："这是微不足道的。"请你吃饭则会说："什么菜也没有。"这与我们的自谦习惯倒是极为相像的。日本人绝不将自己的东西说成精美的，其语言的使用反映出了他们复杂的心理。

**日本人喜欢饮茶，也爱用茶待客，不过他们往往更爱沏茶。**日本人若为你斟茶，一般不会满上，而讲所谓"七八分为敬"。夏天，你往往会喝到独具日本特色的凉清茶和凉麦茶，它们有一种说不出的味道。在日本，茶道是一种非常独特的文化。

在日本，你可以抽烟，不过不要指望主人会给你敬烟。他们从不以烟待客。即使是朋友相聚，大家也都是自己抽自己的，从不会让对方。你若是向对方递烟，多半会受到冷遇。这一点，使许多初到日本的"外国烟民"感到十分别扭。

在日本，你要是发现自己的朋友买到一个什么好东西，切不可向他们问价钱，否则将是极大的失礼。如果人家告诉你价钱，你再接上一句"真便宜!"那可就更坏了,他肯定会不高兴,因为你无意之中将他的经济实力和社会地位给贬低了。目前在日本这个高工资、高消费的社会,买便宜货往往是被人瞧不起的。你经常可以看到和听到这样的口号"不论什么,我们都喜欢新的",这反映的就是其国民的心理:宁愿多花钱,也要买好东西。因此,你说人家买的东西"真便宜",别人当然会认为你故意给他难堪。

在日本,馈赠礼品也是很能反映其国民特性的。送礼,在日本是表示感激、谢意和祝福。日本人送礼喜欢名牌货,重价格,重包装。

当你送给日本人礼物时,最好不要当众送,而应在私下里送给对方。你要是收到别人的礼物时,则一定不要当面拆开,更忌讳询问其价格。

**在日本送礼时,你通常必须将礼品进行包装。**如送乌龙茶,一定要在名店,用其店名的纸来包。对于日本人,你不必一定要送重礼,许多有中国特色的东西都是可以送的。但刀子是不能送的,那将意味着"切缘"。平日互相赠送的小礼物中,也不应是梳子、T恤衫、火柴、

广告帽等。

在日本，你如果去做家庭教师，当雇主直接把钱付给你时，往往会歉意地对你说"真对不起，钱没有装在信封里"，这就是日本人所谓的"裸钱"。

在日本，当亲友有红白喜事，或别人付出了劳动，都是应该给对方一定数目的钱来进行慰问的。但若直接送，往往有点重利轻义。所以当你的日本朋友生病、乔迁、新婚、或失去亲人时，你都应送去一定的钱，并装在专门的信封里，这些信封可以在商店里买到。

日本四面环海，盛产大米、蔬菜。因而在饮食上，日本人以大米为主食，鱼和蔬菜为副食。大米可以做成米饭、饭团、寿司等。他们基本上不吃羊肉、兔肉和鸭肉，但对鱼情有独钟。生鱼片，就是日本最具特色的菜肴。此外，日本人也最爱吃茄子。在日本，人们有所谓"一富士、二雄鹰、三茄子"的说法。

大酱汤、豆腐、清酒等，都是他们所钟爱的。生鱼片、寿司、天妇罗和鸡素烧等都是特有的日本菜。漫步于日本的大街小巷，到处都有卖寿司的饭馆。其品种极多，风味颇好，你随时可以吃到价廉物美的食品。

从饮食习俗上讲，日本菜制作比较简单，相较而言，日本人更注重食品的色、味、形、器皿的相互配合和统一。

**在日本，进餐方面的礼节也非常多**。首先，无论在家里还是去做客，当饭菜摆好后，你应先来一句"那我就不客气了"，并将筷子举过头；吃完之后，则应在放下筷子时说："吃饱了，谢谢"，或"真香啊，谢谢"，以表示对主人款待的感激之情。

在日本人家里吃饭，你最好是将分给你的那份菜全部吃完，这样表明主人热情好客，而且饭菜做得好吃。

在日本，目前进餐多是在"和室"里面进行的。此时，你应非常注意你的举止：男子应盘脚而坐，女的则应屈膝跪坐，以显示男刚女柔。你也应如此，当然你若是不太习惯，可以适当地变换一下坐姿。不过，此时是以少动、少变姿势为基本礼貌的。

日本人吃饭是用筷子的，但是他们所用的筷子不是平头而是尖头。只要是正式宴会，筷子都是同进餐者平行放置的，大头放在筷枕上，小头放在桌面上，这与我们的习惯是不同的。

日本人在宴客时，大都忌讳将饭盛得过满，并且不允许一勺盛一碗饭。作为客人，则不能仅吃一碗饭。哪怕是象征性的，也要再添一次饭，否则会被视为宾主无缘。

日本人目前大多实行分餐，无论水果、菜、饭、饮料，都是每人一份。吃中国菜时，也会在盘里加一个公用勺子。

日本人还经常选用一种叫"便当"的饭盒，里面被分为多个格子，可装不同的菜，吃起来十分方便。

在日本，第一次吃寿司、生鱼片、天妇罗等日本特色菜时，你肯定有些发晕。此时，你可不要不懂装懂，而应虚心地向主人请教。这不仅不是一种羞耻，而且会使主人高兴。他往往会认真地教你，如何加酱油、萝卜丝、芥末等。

在日本，人们习惯于边吃饭、边吃水果，饭后再吃点心、喝茶。日本人喝茶时极注意拿茶杯的姿势：左手平展托杯，右手轻握杯的细腰，双手将杯托起来喝，女子对此尤其讲究。这在其"茶道"中体现得最为淋漓尽致。

在服饰上，虽然西服早已成为日本人最普遍的服装，但其传统的和服并未因此而被他们抛弃。和服基本上是直线型的服装，各种和服在款式和穿着方式上有"大同"，也有"小异"。正是这些"小异"，具有服装的一项重要功能：显示身份、年龄、所属的社会阶层。

以女性的和服为例，这种"小异"主要表现在袖子上。和服的袖子大致分为"黑留袖"、"色留袖"、"本振袖"、"中振袖"，等等。和服上多有日本传统花纹，穿起来很有特色。

和服与日本的一些传统习俗紧密相关。在一些传统节日里，如女儿节、男孩节等，人们都是要穿和服的。举行婚礼时，人们也大多要穿和服。即使在旅馆里，也多备有和服式的浴衣。

同任何国家一样，日本人也有其禁忌。这些禁忌往往表现在动作和语言上，因此是十分有趣的。

与日本人谈话时，不能像在欧美国家那样，直勾勾地盯着别人的脸，这是极不礼貌的。你应当盯着对方的双肩或脖子，这才是正确的。

日本人最大的语言忌讳，是"苦"和"死"这两个字，而且连与

其谐音的词也成了禁忌。例如，4与"死"、9与"苦"谐音，等等。

在日本的医院里，你找不到4、14、9、19号病房。在公司里，电话号码也尽量与这些数字避开。

欧美忌"13"的习俗，目前也传入了日本，在日本东京羽田机场里就没有13号停机坪。

对数字的禁忌也表现在他们的送礼习俗上，在这里，你可以送单数，而应忌送"9"。

**樱花是日本的国花，备受人们喜爱。**一到春天，满山遍野的樱花开放时，人们往往成群结队外出赏花，那是日本最美好的季节。

因为日本皇室以菊花为其象征，因此在日本凡有菊花图案的东西你一定要慎送。即使要送也应避免送16瓣的菊花，因为16瓣菊、黄菊都是皇室专用的。你要是送给日本人，对方很可能会以此为对其至高无上天皇的大不敬。

在其习俗里，日本人以荷花为不祥之物，你千万不要送此花或有此图案的东西给他们，因为荷花在日本仅用于丧葬活动。

书法在日本被称为"书道"，你若是在这方面有些特长，那将是最好的与他们谈天、交往的纽带。你也可以送一两幅中国字画给日本人，只不过你一定要尽量送小幅的。因为日本人的居室都比较小，太大了就挂不下了。

**在日本，汽车是靠左行驶的。**人车相遇时，车往往会在离人2米左右的地方停下，让人先行。日本车多，你却见不到交警，人们会极其自觉地维持交通。可一旦你违反规则，警察就会神速地从天而降，"抓住"你，此点你也不得不予以注意。

第 18 篇
# 在韩国的你

大家好，本篇我将谈谈在韩国时你所要注意的风俗习惯与礼仪规范的要点。

1992年8月24日，我国与韩国建交。因此，你到了韩国，在谈到韩国人时应该特别注意：你可以称其为韩国人，但却应当避免称"朝鲜人"或"南朝鲜人"。

当你在称其国名时，不要再叫其"南朝鲜"，更不能称"南韩"，而应称"韩国"。在一些正式和庄重的场合，则应称呼其全名：大韩民国。

此外，关于韩国首都的名字，现在公认的叫法是"首尔"。如果仍然按照旧时的叫法称之为"汉城"，则是大为不妥的。因为韩国人眼中，这种叫法带有明显的"大汉族主义倾向"。在韩国时，以上这些问题都是应当引起你注意的。

韩国是一个民族特点较为突出的国家。其本国人基本上是韩族，即朝鲜族。目前，韩国人保留了相当多的本民族传统。

例如，他们崇拜熊。因此，在韩国，熊是受到特殊保护的，不许随意捕杀。在韩国的大小餐厅里，也根本见不到熊掌、熊胆等山珍。

和许多国家、地区一样，韩国人也有其数字方面的特殊禁忌。

**在韩国，最普遍的是所谓"忌4"习俗。**

在那里，人们普遍认为："4"是不吉利的。因为在其语言中，"4"和"死"的发音是一样的。于是，在韩国，便出现了许多避开用"4"

的有趣现象：无论在首尔还是在釜山，大酒家、办公楼等建筑物都没有4楼的标记。至于与生死关联最近的医院，无论楼号、层号还是房间号，都避免使用"4"。在平时，分组或编队一旦出现"4"也都以其他代号来指明。

在宴请、聚会时，韩国人敬酒从不会敬4杯或4碗。而如果客人反敬时连干4杯，那主人也不会认为你豪爽，反而会怒目相向，因为他会以为你是在诅咒他呢！

**韩国人在喝酒时，往往还会避开双数。**他们一般每次喝一杯酒，当喝到第二杯时，他们往往会主动加喝一杯，以绕过双数。此时，一定不要画蛇添足地为其多加一杯，那样可又犯"4"的禁忌了。

平时，韩国人的饮食趋于清淡。其主食多为米饭，在副食中他们则较重视汤菜，许多家庭还喜欢自己制作泡菜。

韩国的泡菜通常都是采用发酵法制作而成的。其具体种类极多，一般分为越冬菜和无时令菜等两大类，其中最具风味的是辣白菜。

在韩国，人们制作辣白菜时，通常是将一整棵白菜在盐里先泡一两天，然后取出用清水洗净，再加上蒜泥、辣椒面、萝卜丝、鱼虾酱等，放入缸里密封压着。待其发酵一个月后，就做成了爽口、酸辣的韩国泡菜。在那里，你不妨向韩国人讨教两招，亲自去"操作"一番。

逢年过节或喜庆之日，韩国人常以打糕、蒸糕、发糕或冷面来招待客人。

**韩国人一般不喜欢喝稀粥。**因为在韩国人看来，稀粥是为穷人准备的。不过，如果在三伏天或冬至日，你有幸被邀请去韩国人家里喝粥，那你就应该高高兴兴地接受邀请，并感谢主人的盛情。因为这是韩国人好友相聚、吃狗肉、喝红豆粥的好日子。能在这两个日子去韩国人家中喝红豆粥，说明他已把你当朋友了。

通常在用餐时，韩国人比较注重礼节。他们肯定要请年长者，或地位高者首先入座、先动手。这时，遵守"不为先"法则是最有用的：即一定要跟着长者做，自己不要去抢先。

当然，如果你是尊贵的年长客人，那就不必"不为先"了，否则别人都不好意思动手"打牙祭"了。在用餐过程中，你还应注意尽可能少发出声响，否则会被视为不雅。

在中国，如果见到了主人忙里忙外，客人往往会主动去帮厨。在韩国，这可就万万使不得了。绝大多数韩国人家里，都是妇女做饭，而且其厨房也被看作一家人的内室，是不让别人随便进入的。

**在韩国，客人，尤其是男性客人进入主人家的厨房，通常都会被视为严重的失礼。**所以，在韩国人家中做客时，你一定要心肠"狠"一点，任凭主人忙碌，自己也要心安理得地袖手旁观。做个主人喜欢、自己也清闲的"座上宾"，你何乐而不为呢？

老派的韩国人往往还有一些特殊的食物禁忌，这也需要注意，以免有时好心反被人误解。比如，有孕妇的家庭是不吃鸭肉和兔肉的。新生儿出生后的 21 天内被称为"三七"，一定要禁食鸡肉、猪肉、狗肉等，而且也不能谈论葬礼，家人也不会去吃服丧人家的食物。否则就会被认为是对其新生儿的一种咒骂。

与韩国人交往，必须适当地留意一下他们的传统节日，例如，除夕、岁首、寒食、灯节、洗头日、显忠日、秋夕，等等。

1896 年，当时的朝鲜废除了阴历新年。直到 1989 年，韩国政府才专门恢复了这一传统节日。这几年，在韩国人的传统节日中，最为隆重的就是这个节日。

在其新年期间，去韩国人的家里拜访，并且送上一点精美的礼品，不失为一种加强联系和沟通的好方法。

韩国人往往比较注重家庭礼节。在那里，如果有人把你很正式地介绍给他的家人，那就表明你们之间的交情已经不浅了。

韩国人的家庭礼节非常繁杂。当客人来访时，他们肯定要按照客人的不同身份对其行礼。这时你一定要大大方方地接受，否则会被认为不尊重其家人。那样的话，也就是不尊重行礼者本人。

平时，韩国人在"尊老与敬老"方面也十分讲究。与年长的韩国人交往，或去韩国人家中做客时，一定要表示出对老年人的照顾和尊敬。

**在韩国人的日常生活中，长辈们通常都是说一不二的。**对年长者的称呼，通常也不能直呼其名，而是一定要使用敬语。这与西方国家的做法，显然是不一样的。

此外，韩国人极其重视庆贺老人的"花甲"、"进甲"和"回婚"。

所谓"花甲"，即老人的 60 岁生日。所谓"进甲"，则是指的老人的 61 岁生日。老人的这两个生日，都是必须大加庆贺的。你如接到这样的邀请，应当尽可能地前去参加，那样的话，主人一定会非常高兴。

韩国的夫妇一般不举行西式的金婚和银婚庆贺。他们多数成婚较早，人比较长寿，婚姻关系也比较稳定。因而他们拥有一个非常特别的婚庆日："回婚"。在那里，晚辈一定要在长辈结婚 60 周年时为其举行隆重的所谓"回婚"的庆贺。这是一个极其重要的庆典。能够举行回婚仪式，往往是老人及其儿女的一个极大的荣耀。如遇上这样的机会，一定不要忘了送去你真诚的祝福。

现在，韩国人的服饰与其以前相比有了很大的变化。除老年人外，人们多穿西式服装。只有到了节日，妇女才会穿上鲜艳的民族服装。除此之外，举行婚礼时，新郎新娘一般也要穿上民族盛装。

在韩国的日常生活中，你通常不必在服装上有过多的考虑，只要其舒适、得体也就行了。

在韩国，有的时候你还要了解一下其宗教活动。韩国人的宗教信仰很丰富，分为外来宗教和本地宗教等两大类。

由于受中国文化的影响，在其外来宗教中，佛教传入最早，也最有影响。同时，中国的儒家思想对他们影响也很大。在韩国人日常生活的各个方面，如家庭观念、伦理道德、生活哲学等，都带有很浓厚的儒教色彩。

此外，基督教在韩国也有其深刻的影响。

相比之下，其本地宗教，诸如以儒、佛、道为宗的天道教、圆佛教等等，在韩国反而不占主导地位。

近年以来，信教之风在韩国再度兴起，因此，与韩国人打交道之前最好能了解清楚：对方是否信教，信什么教，在不知其具体底细的情况下，谈话最好少涉及宗教问题。对一些宗教禁忌，那就更要慎重。能够避开不谈，就应当尽量不谈。

另外你可以发现：韩国人的民族自尊心极强。那些腰缠万贯的韩国富翁们，几乎全都开着本国产的"大宇"、"现代"等轿车。

第 19 篇

**在蒙古的你**

大家好，在本篇里，我将来谈谈在蒙古时所应当注意的风俗习惯与礼仪规范要点。

从我国的北方边城二连浩特往北，一出海关便进入了蒙古。这是一个洋溢着浓厚民族风情的美丽的草原之国，这是一个地处东亚内陆、以牧业为主的友好邻邦。今日的蒙古国，正在逐步调整其政策，寻求走向更为广阔的外部世界，并且越来越多地与各国加强交往和合作，中蒙之间的各种交往发展迅速。

总而言之，蒙古是一个民族特点极为鲜明的国家。在这里，你的言行举止、交往应酬都应当较好地注意与其相适应。

**在蒙古，你首先不要想当然地统称当地的人为蒙古族人**。在这里，约80%是喀尔喀蒙古族人。另外，还有哈萨克族、俄罗斯族等。平时，其各民族极其强调相互之间的差异和独立性。因此，你最好首先弄清楚对方是什么民族，尽量不要采用统称，以免引得对方的不高兴。

有人称蒙古为"骑在马背上的国家"，由此可见马匹在当地日常生活与经济活动中的重要性。除在大城市极少使用马外，如果外出或去草原品味"天苍苍、野茫茫、风吹草低见牛羊"的壮阔风光，你尽可以体验一下骑马的滋味。草原上的人们将骑马而来的客人视为豪爽之客，定然会对你热情有加。

长期的历史传统和独特的游牧生活，使蒙古人形成了很多独特的生活礼节、禁忌和风俗。有一些在我们中国人看起来很普通的言行，如果不注意，往往就会引起他们的误会。

在草原上，当你骑马、坐牛车或乘坐汽车接近"毡包"时，一定要轻骑慢行。当地的牧民视牧畜为生命，最怕生人惊扰畜群。

有一位外国人在蒙古大草原上纵马奔驰，留连忘返。当他来到一个毡包后，礼貌地下马向牧民打招呼，主人也非常热情邀请他进毡包做客。这位老兄高高兴兴地走进了毡包，却没想到主人突然很生气地让他出去。该"老外"莫名其妙，于是很扫兴地走掉了。原来，他一高兴，连马鞭都没放在门外就走进去了。这正好触犯了当地牧民的大忌：马鞭以及棍、杖等等，都只能放在毡包的门口，绝对不能带进门去，否则就是对主人的不敬。你在草原上活动时，一定不能像那位"老外"一样冒冒失失呀。

再者，在进毡包时，不要用脚去踏门槛，一跨而过就行了。入内后，一定要走左边，最好不要从右边入内。因为右边是女主人落座和进进出出的地方，客人应坐在左边。

进去以前，你可以不必脱帽。如果需要脱帽，请注意不要将帽子正对着门口放。你在左边落座时，最好学着主人的样子坐。如不习惯，可以将腿朝着大门方向伸直，而不要像在我国北方的炕上那样腿朝内伸，那样又与他们的礼节不合了。

还有，在蒙古，牧民们十分敬重火，锅灶从不许用脚踩碰。天冷时，你可以借火稍微烤烤手，但一定不要把脚伸到火上去烤。他们虽然随身带刀，却绝对禁止用刀触火，吃饭时也不许用刀去锅里取肉。看到火不太旺了，也不要在火旁用斧子砍柴火。

在毡包内，主人往往会取来极富其民族特色的鼻烟和精巧的鼻烟壶请你尝两口。

见面时递上鼻烟壶，是蒙古男子之间一个古老的习俗。鼻烟壶一般一寸见方，小巧玲珑，做成各种形状，并绘有飞禽走兽、摔跤射箭等图案。较为贵重的鼻烟壶用玛瑙、翡翠、琥珀等制成，此外还使有金、银、铜等做成的鼻烟壶。吸鼻烟者，壶内装有带香料的鼻烟粉，不吸者则用它来装药品。平时鼻烟壶放在一个绣有精美图案的小绸缎袋里，男子通常会将其佩在腰间。

见面递鼻烟壶时，也有其一定的规矩。同辈相见，要用右手递，并相互交换烟壶。或者双手略举，鞠躬互换，然后各倒出一点鼻烟用手指抹在鼻孔上，品闻烟味，品完再互换。

如果是晚辈见长辈，或见身份高的人，那就要先跪一足，再用右手递出自己的烟壶，并双手接过长者的烟壶，各自闻嗅后交还对方。

在牧区，目前有许多中老年人吸鼻烟。在城里，不少知识分子、机关干部也有这一嗜好。因此，见面递鼻烟壶还相当流行。如果你在去蒙古之前带上一些鼻烟壶，适时地送给蒙古朋友，那他一定会非常高兴。如果你能颇知礼数地与对方互换烟壶并吸上几口,那么他不对你刮目相看才怪呢。

不过,与主人聊天谈得高兴时,不要忘了自己身在何处。切不可用烟袋或手指人家的头部,那会被视为一种骂人或挑衅的举动。

走出毡包与主人道谢、告别后,如果你想让主人觉得你真诚感谢他的招待的话,那就不要急于上车或上马。而是应当先步行一段,再向主人招招手,然后才可上车、上马离去。

蒙古草原上的牧民是很好客的。只要累了或是好奇,你走进任何一个毡包都会受到热情接待。不过,有些地方你是不能进的。如果你细心一点,就会发现:有的毡包门的左侧系着一条绳子,绳子的一头埋在地下。这是草原上一个约定的信号,它表示帐篷内有病人,此时一般是不宜入内的。你最好是轻轻绕过,少去打扰。

在全世界,蒙古人热情好客都是出了名的。在很久以前,他们就形成了隆重而热烈的待客礼节。它主要包括问候、交换鼻烟壶和招待饮食等。即使普通来客,他们也会给予周到的款待。

客人来临时,他们首先会问:"您好吗?"如果你们已经见过面了,那再次相见时,主人还会问你的家人身体好吗、工作是否如意,等等。

待客人落座后,女主人就会从右边先端上一碗香喷喷的热奶茶,然后再摆上奶豆腐、奶皮子、黄油等各种奶食,以及他们最爱吃的油炸果子。如果你运气好,这家人近日宰了羊,主人还会捧上一盘手抓羊肉。

与此同时,敬酒也是必不可少的。有的时候,他们往往会连续敬酒三次。

蒙古人通常绝对不反对专程来访的客人,并会热情相待。即便过路的人，他们也会无偿地为其提供食宿方便，一般是不会让你饿着肚子的。

如果你前去蒙古人家里，男女主人一起出来迎接你，那你就应当感觉到无尚的尊贵。在蒙古，只有对于贵客才有此大礼。如果你一去，主人和四邻都拥来迎接，那就是把你当成极尊贵的客人了。

这时的问语，往往也就更为庄重，其常用者有："向尊贵的您请安"，"向珍贵而又敬重的您请一万个安"，等等。

在蒙古人家里，用来向贵客敬奶茶，盛奶茶的碗通常是银质的。在送奶茶时，往往还要献上哈达。

**哈达在蒙古人的礼仪活动中有着很重要的用途。**迎接贵客、敬神以及红白喜事，都会用到哈达。他们的哈达多为丝绸制成，并且呈天蓝色，不同于我国内蒙古人所用的那种白色哈达。

哈达的长短，往往讲究颇多。如果你好心向蒙古人表示亲近，送上一条蓝丝哈达，这时一定要注意它不能太长。因为在他们的习俗中，只有在丧葬仪式上才会用长哈达。

呈送哈达时，应先将哈达折两下，其开口处朝向被献者，这意味着祝对方吉祥如意。被献者接受之后，则应把哈达放在左手腕上，并将开口部分朝向原主人，以示回敬和祝福。

在那里，人们向贵客递酒杯也有其一定的规定动作：应当右手举杯，左手托肘，恭敬地送上酒杯。酒到手后，你不要急着一饮而尽！这时通常会有人先祝辞，你一定要随后再喝。

招待贵客的奶制品，往往比平常精美。有洁白、新鲜的奶豆腐片和奶酪，上面呈鹅黄色的奶皮子，另外还有糖果等等。

款待贵客最上等的菜，通常都是又肥又大的绵羊的"背子"肉，也就是我们所指的羊"里脊"肉。

送客时，蒙古人还有所谓"扬奶求福"的习俗。即在分别时从盛奶的碗中用手沾一点奶，向空中弹洒，以示祝福和惜别。

蒙古人在日常生活中，最主要的食物是肉、奶、茶。在其各种肉食中，最多、最重要的就是羊肉。其吃法也很多，如手抓羊肉、羊背子、烤全羊、石烤肉等。其中手抓羊肉最为普通，而羊背子和烤全羊只有招待贵客才会有。

此外，他们还比较多地吃牛肉，以及鹿、兔、野羊等野味。平时，他们很少吃马肉和骆驼肉。今天的蒙古养猪、养鸡业也已发展起来了，但本国人不是很爱吃，而且他们也不怎么吃鱼。

作为外国人，你在蒙古自然可以尽情地吃这些东西，它们的市价往往十分便宜。但如果你做东请客，那可就要"入乡随俗"，少上一些鸡、鱼、猪肉之类的菜，否则纯粹是不想请客。

在蒙古，无论男女老幼都非常爱喝茶。我们习惯将茶视为饮品，而在他们的生活中，茶却首先是一种重要的食品。他们一见面不是问"吃饭了吗"，而是说"喝过茶了吗"。因此，如果有人热情地请你去"喝茶"，那一定要尽量去，事实上这基本等同于我们所说的"请吃饭"。

**蒙古人普遍喝奶茶**。煮茶时，先要将砖茶弄成粉末，然后加水煮。茶快煮好时，加入盐、羊奶、牛奶等就可以了。这种茶味道鲜美，富有营养，你在蒙古一定不要错过了。

虽然国家的经济发展和对外交往日益加快，但蒙古人在其服饰上仍保持着浓厚的民族特色。在乌兰巴托等大城市，穿着西式服装的人很多；而在草原上，人们则主要穿蒙古式传统长袍。穿蒙古袍时，男子还要系上一条又宽又长的腰带。在蒙语中，称男子为"有腰带者"，称女子为"无腰带者"。

蒙古人历来喜欢首饰，现在比较普遍使用的是耳环、戒指、项链、手镯等。这里戒指所戴的位置和含义与西方各国有一定的区别。在蒙古，已婚男子往往把戒指戴在右手的无名指上；已婚女子则戴在左手无名指上。未婚者，往往以男右、女左的传统戴在食指上。

在蒙古，你可以适当地参加一些活动，这是使你更多地了解民俗、加强交往的极好时机。

蒙古的"那达慕",可以说是最富民族特色的盛会。所谓"那达慕",蒙语意为"游戏、竞技、娱乐"。它原指蒙古男子传统的三项竞技:摔跤、赛马和射箭。在今天,"那达慕"除了这些外,还包括许多文化娱乐及商贸活动。

从1922年起,蒙古的那达慕定期在公历7月11日(国庆日)举行。它一般持续两天,十分热闹,成为其国庆的重要内容。

虽然国家规定过阳历新年,但传统上,蒙古人则是过阴历新年的。它大约是公历的1月21日至2月19日之间,蒙古称之为"白月",因为蒙古人以白色为纯洁、善良的象征。白月是一年之始,蒙古人民尽可能地将它过得丰富多彩。因此,在"白月"里,你最好能去蒙古人家里拜会、祝贺,这往往会加深与他们的关系。

在那里"拜年"时,你应当将双手放在对方手肘下,作扶托状,并庄重地道一声:"您永远平安!"受拜者则回以:"但愿您永远幸福"等吉祥话。然后共同入座,交换鼻烟壶,饮酒吃饭,同时互赠礼品。

如果你是去拜会一位老人或是地位较高的人,那最好在白月的初一或初二去。那两天,是晚辈向长辈祝新年的日子;而初三则多是平辈人之间的往来之日。如果你初三去见一位地位高的人,那显然会被视为不懂礼节。

蒙古人通常比较重视婴儿的沐浴礼、剃发礼、生日和婚礼等日子。如有可能,你在这些日子可去蒙古人家中恰当地祝贺,并送些小礼品,那将会很受欢迎和尊重。

第 20 篇

**在越南的你**

大家好，本篇我将向大家讲述在越南时你所需要注意的具体风俗习惯与礼仪规范之要。

一提到越南，你的想法一定不少。作为邻国，历史上的中越关系既有密切，又有曲折，但这并不影响两国人民之间发展彼此友好的关系。

在你走向这个东南亚国家之前，对其风俗文化、生活习惯等，一定要做好充分的了解。

在越南，人们的民族构成是多种多样的，其中又以越族为主体民族，此外还有苗、傣、侬、岱、芒等族。在称呼他们时，你一定要注意：由于历史上殖民主义的影响，各民族都喜欢用本民族的自称，而对于带有蔑视性的名称极为反感。像在国内外常听到的"昧族"、"南蛮"、"苗舍"等，都是在那里所不能用的称呼。

从相貌上来看，你走在越南如同走在我国南方某地，人们的长相同我国南方人差不了多远。

在其姓名构成上也是如此，以其主体民族（他们多自称为"京族"、"安南族"）为例：其宗族大姓，有阮、范、黎、陈、吴等。

他们的姓名，多为三个字。其具体姓名的组成为姓前名后，中间的字则是垫字。目前，男子多用"文"，女子多用"氏"作为其垫字。

现在的越南，有些男子喜欢用两字姓名，而女子又以四字姓名为时尚，因此，在越南，你基本上可以观其名而知其"性"。

在一些少数民族中，有的人没有姓，只有名；而有的人则只给女子取美名，如"阿英"、"阿莲"等，而给男子取具有英豪之气的名字，如"坚"、"格郎"等。

在其西南地区，人们甚至根据孩子的长相取名：例如，名为"朱"，是指其肤色深；名为"波龙"，是指其健壮；名为"个"，则指其肤色白。

**你在称呼越南人时，一定要注意他们的具体习惯。**他们大多只称一个人姓名之中的名字，如其称"阮文欢"，只称"欢"，并会在其名字前加上适当的尊称，如"哥"、"伯"等。

在单称其具体名字时，你应当注意称者与被称者之间的关系。一般只有上级对下级，老板对雇员，长辈对晚辈才有这种称法，其中含有斥责、威严等意。同时，你还要习惯越南人的称呼与自称相对应的习俗，因为他们非常讲究辈分，如你称对方为兄，那你必须自称弟或妹。

在一般情况下，你应当尽量少用"你"、"我"之类的中国人习惯的称法，因为它只有在年轻人的兄弟哥们之间，或吵架时才用的。

在越南，你要是去问路、打听事情时，遇到同自己年龄相仿的人，那你可不要来个西式的"先生"、"小姐"之类，也不要按中国的"师傅"之类来称呼，而应称呼对方为"二哥"、"二姐"，而千万不能称大哥、大姐。

据说，这是受到中国传统故事的《武松打虎》的影响，以"老二"作为英武勇敢的象征。所以，在越南，你若是沿途问路或在车站、饭店咨询时，如果能称对方为"二哥"，那你必会受到热情指点；而你若是称对方为大哥，那对方不仅不会以为你在尊敬他，反而会给你一个白眼，说不定还会给你乱指一气，让你折腾个够。

**在越南，你应该像当地人那样讲究礼貌。与人相见，一定要打招呼问好，点头致意，或握手寒暄。**

平时，苗、瑶等族则习惯于侠士式的抱拳作揖礼；而信奉佛教的人往往会行合十礼。

**在与越南人交谈时，你最好能够温文尔雅一些，说话的声音不必太大，更不要大喊大叫。**当有长辈和客人在场时，你讲话时则应低着头，眼睛往下看，而不要直视对方，否则别人会认为你没有礼貌。

在饮食习惯上，越南人的主食是大米，有的时候他们也吃一些薯类和面食。越南人善于用鱼露、虾油、八角、椰子、紫苏等调料煎炒烹炸，做出清淡、不油腻的越南菜，其风味往往甚佳。

通常他们不喜欢将菜肴烧得过熟，也不大喜欢吃红烧的菜肴或是脂肪过多的食物。有的时候，他们甚至喜欢生食。

与欧美人进餐讲究营养摄入的多少、卡路里的高低不同，越南人通常更信任中医的一些理论，更注意哪些食品性寒、哪些易上火，哪些强心润肺，哪些又补血强肾沁脾，等等。你若是对中医有所了解，那在越南的时候往往能用得上。

具体进餐时，越南人通常会把饭菜盛入碗盘，然后再将碗盘置入

三足的大铜盘中,接着再把大铜盘放在大床上,人们围绕着它坐而食之。越南人也使用筷子,并备有茶壶,以便饭间饮茶。

**饭后,他们通常有嚼槟榔、吸水烟或水烟筒的习俗。**他们还多会让人尝尝越南的糯米酒和水果酒。在平时,他们则爱吃生、冷、酸、辣的食物。

在服饰方面,越南人比较朴素,城市里男子多穿西服;而妇女则穿窄袖开衩至腰部的长袍和黑、白色宽腿长裤。其长袍,大多是由淡黄、浅绿、粉红等色彩淡雅的丝绸做成的。它也是越南妇女的节日盛装,平时她们则常穿衬衣、西裤,并戴上一顶极有民族特色的尖顶宽沿的竹编斗笠。

越族妇女多喜欢留长发:少女往往长发披肩,或用大发夹将头发夹在脑后;中年妇女一般开始结发髻,并置于颈部;年老妇女则将髻盘在脑后。城市贫民和农村妇女多要从事劳作,所以常把头发从中间分开,再从后面全部梳往右边,盘头后再塞进发圈内,以便于干活。

**在越南时,你一定会发现:那里的人们很爱清洁。**在越南人家里,饮用水和一般用水都是分开的。在那里,人们大多饮用所谓"无根水"——雨水。

在公共场合吐痰、在众人面前挖鼻子、掏耳朵、剔牙等等,都是极不雅观的举止。

**宗教在越南的影响较大。**佛教在这里流传最久,也最为广泛。各地每年都有庙会及佛事活动,故其具体的影响很大。

天主教也是在越南有深刻影响的宗教之一,此外基督教、高台教、和好教等在越南的影响也在逐渐扩大。

第 21 篇

**在泰国的你**

大家好，本篇中，我将和大家具体谈谈泰国的风俗习惯与礼仪规范的要点。

作为东南亚地区经济发展很快的国家，现在的泰国已不仅仅只是一个拥有珍贵的大象、壮丽辉煌的佛塔的古老王国了，它正以新的姿态吸引更多的人去投资兴业、旅游观光。置身在泰国时，你随处都会深切地感受到其勃勃生气。

在泰国这个由30多个民族所组成的国家里，各民族之间的独立性很大。泰族作为国内第一大族，其意在泰语中是"自由民族"的意思，你如果对历史比较熟悉，就一定会记得泰国古称"暹罗"。然而现在的泰国人却对此很反感，十分忌讳别人这样称他们的国家，你可不要以此去自我卖弄，搞得适得其反。

**泰国人的姓名与我们可不一样，其具体组成是名在前、姓在后。** 而你在称呼他们时，却完全可以像在国内走亲戚时那样，称其为叔伯姨姑、兄弟姐妹、父老乡亲。如果你与对方很熟悉，那就干脆与对方称兄道弟吧。

**泰国人为了对别人表示友善和亲近，通常不习惯称呼其姓，而是惯于称呼其名。** 在称对方时，应称呼与名字相连用，如"敏娜小姐"、"光华先生"。对长辈和客人，泰国人喜欢在其名字前加一个"坤"字，其意为先生、小姐。对于儿童，则可称其名字的昵称。

乘坐过泰国国际航班的人，最难忘的就是泰航空中小姐那周到的服务、得体的举止和动人而真切的微笑，这是泰国所展示给世界的一个美丽的窗口。在这个以礼貌待客著称于世的国家里，处处可以见到彬彬有礼的年轻人、和蔼可亲的老人、端庄恭谨的妇女，你会更切实地体会到其礼仪之邦的真正内涵。

平日里，泰国人总会随和地与别人打招呼、点头问好。在正式见面和分别时，他们都要行其特有的"合十礼"，并互致"萨瓦迪卡"（泰语"您好"的意思）。它主要源自佛教的合掌礼。其具体的动作是这样的：双手合掌，十指并拢，置于胸前，稍稍低头，再道安好。

行此礼时，其具体的动作一定要缓慢有度，并伴以轻微的鞠躬。致此礼时，因其具体受礼者的辈份、地位不同而又分为以下三级：下见上时，双手举至前额。同辈之人，举至鼻部。上对下时，则只需举至胸前。

一般而言，你所看见的人身份比你高时，就应当首先主动行合十礼，好让对方很有面子地还礼。别人先向你行礼时，你应当立即还礼，否则会被视为没有教养。

在行过合十礼后，就不必再握手致意了，而且泰国人本身也并不喜欢握手。虽然现在其公务人员受西方的影响，在政事活动、外交活动里也开始行握手礼，但它在泰国国内并不多见。即使行握手礼，在泰国男女之间也不能握手，俗人就更不能去与僧侣握手了。所以，当你在泰国时，如见到出家人，一定不要图好奇去与其握手或触碰，那样会引得对方大怒的。

在泰国，目前还有行跪拜礼之俗。它主要是对王侯、自己的双亲、师长而行的大礼，以示对他们的尊重。

在礼俗方面，还应当引起你的注意的是：头部不可触、左手不洁和屈腿侧坐之礼。

**受佛教的影响，泰国人认为自己的头部是十分神圣的，绝对不许旁人触摸。** 至于小孩的头部，除了其双亲、泰国王和高僧可以摸以外，你要是好心地去摸别人家小孩子的头来表示喜爱，他的父母一定会跟你翻脸。因此，要想摸小孩头，先应当自我衡量一下，看看自己是否够得上"贵人"的级别！

在泰国，你应当时刻牢记多用右手。在泰国人看来，左手只是搞个人卫生的，绝对不应当用来触人。在向别人送东西或接受别人递来的东西时，一定要用右手。在正式场合里，应用双手捧上，以示敬意，但要避免具体使用左手。

在那里的时候，不要抛扔物品，不要用脚去踢门或指东西，这些行为在泰国人眼里都是轻视和侮辱的举动。

在泰国的公共场合，你会发现人们很注意自己的坐姿，泰国人坐时两腿向一方弯曲，男的双膝可稍留空隙；女的则应两膝靠紧，脚尖向后收，不能朝向客人。同时，一定要将上身挺直，然后将双手放在腿上。这种坐姿文静优美，还可以收腿、躬身，来向不同地位的长者或客人致意。被泰国人视为最能体现其礼仪特点的坐姿。

**目前，泰国人95%信奉佛教，国家还将其正式定为"国教"。**

按泰国最高宪法的规定，泰王必须是佛教徒和宗教的最高赞助者。泰国男子一生中必须出家一次，连王族也是如此。出家，目前已成为泰国男子真正成人的一个标志。在许多人的脖子上，往往还挂有一个由陶土做成的小佛像。它是泰国人"免灾保平安"的福符。

僧侣在泰国有着很高的地位，佛塔和大大小小的寺院遍布泰国。你要是去寺庙里观光，一定要衣冠整齐，神情庄重，进佛堂时通常还会被要求脱鞋。穿着背心、短裤就往寺庙里闯，则是泰国人所最不能容忍的对神灵的玷污。

泰国人对泰王是非常尊重的，见到他的时候，应行跪拜礼。你要是去赴宴、集会或是在剧场里看演出，那里开始之前都要先奏一首歌颂泰王的《颂圣歌》，这时是不允许随便走动的。你应礼貌地肃立静听，要不然，就会有人来提醒你了。

在宴会上致祝酒词时，人们必须首先预祝国工身体健康。尽管泰国实行言论自由，人们对一般人甚至政府首脑都可以说三道四，但对泰王和王室的其他成员，则绝对不许任意评说。

你要是去泰国人家中做客，主人肯定会热情有加，但却不会引你进入屋里去。原来，在泰国农村最常见的是一种高脚楼屋，它一般分为正屋、阳台和走廊等三部分。正屋是一家人住的地方，阳台则是待客之所，在这儿与主人同餐，风格独特。走廊到地面还有楼梯相接，其级数适应佛教的传统，多为单数。

**在进入泰国人的家里时，通常情况下，你是要脱鞋的。**

泰国人爱花，也爱送花。地处亚热带的泰国本来就一年四季花开不断，妇女们早上头一件事往往就是换一束鲜花。他们最喜欢

兰花和泰国的"国花"——莲花。莲花是佛教中的神圣之花。于是在日常生活中，兰花就是人们最常用的了。你要是乘坐泰国航班去曼谷，在下飞机时，美丽可爱的空中小姐会送给你几朵清香的兰花。你去做客时，主人则会献上一个美丽的兰花串。它是在一根彩带两端系上兰花和青翠的文竹做成的。

在曼谷街头，你还会看到一个特别的街景：到处都有卖花的少年。在十字街口，只要红灯一亮，小姑娘们就会跑到马路中心，在汽车之间穿梭叫卖，直到绿灯再亮，才赶紧跳上人行道。警察对此从不劝阻，司机们早已习以为常，很少听说因此而出过什么交通事故。如果你坐在车里，面对递到你眼前的灿烂的鲜花，你能不买一束吗？

**在泰国，人们是以大米为主食的。** 最具泰国风味的，莫过于"咖喱饭"再加上蔬菜。泰国的辣味汤也是很有名的，其常见的有椰浆辣汤、酸辣汤、甜辣汤、鱼辣汤、辣酱汤等。他们极喜欢吃辣味、甜食和椰子味。由于长年天气炎热，在饮料中泰国人是少不了加上冰块的。

泰式春卷、粉蕉糯米粽、炸香蕉等等，都是颇具泰国风味的著名小吃，有机会你一定要去尝一尝。

在泰国的时候，你应当了解他们的诸多禁忌。除以上提到的之外，在坐着时，不要翘起腿来晃，也不要将鞋底对着别人。

**在谈话时，即使在室外也应取下墨镜。** 不要指手画脚地同别人讲话。当你从别人面前走过时，最好不要太趾高气扬。在泰国人眼中，大摇大摆、昂首挺胸地从人前走过，是对别人的不敬。所以，当你穿行于人前时，最好能平和、从容一些。

无论你多喜欢一个泰国小孩，除不乱摸其头外，最好不要夸小孩长得如何如何好看，因为不少泰国人比较迷信，认为太好看的小孩会被鬼怪抓走。因此你夸其孩子好看，无疑是在咒他的孩子会有灾难，那样别人还会高兴吗？

**泰国人视白象为吉祥物**，同时他们对于那些形状异常的岩石、树和野兽也有敬畏之情，认为那是神。因此你在送礼时一定要小心了。象牙制品是千万送不得的，奇松怪石的画和工艺品也不要送。在谈话中，能不谈这些，就不要谈。

在色彩上，泰国人同中国人一样，比较喜欢红色，认为它是吉祥的色彩。而对于黑色，他们则比较忌讳。与泰国人交往久了，你会非常喜欢他们那谦谦之风。泰国人不爱高声说话。轻言细语，举止得体，被认为是有修养、懂礼节的文明模范。虽然在像曼谷这样的大城市，天气炎热、噪音污染又十分严重，但泰国人似乎天生一付好脾气，很少有大吵大闹的"街市盛景"。

在泰国，你要是外出，最好坐公共汽车，那可是体会这种泰国式礼让的最好机会。由于天热人多，一些没有空调的汽车干脆去掉车门，大家挤得汗流浃背。可人们还是不气不急，很守秩序地上下车。

第 22 篇

# 在菲律宾的你

大家好，在本篇里，我将讲述在菲律宾时你所要讲究的风俗习惯与礼仪规范的要点。

到了菲律宾，你将会感受到一种融合了深厚民族传统的现代化南洋气息。在菲律宾，你尤其会感受到人们热情好客的礼节。菲律宾人天性和蔼可亲，并且非常善于交际，在公共场合他们往往会主动与别人打招呼。

**跟菲律宾人打交道时，你务必要自然一些，随和一些。**

与菲律宾人见面时，你应当十分注意使自己的言行，要尊重长辈。你若是被视为有身份的人或长辈，则当你去菲律宾人家里做客时，对方就会上来吻你的手背，以示欢迎和尊敬。在你告辞时，他们也将重复这一礼节，以示欢迎你再来。这套礼节在他们的家庭中也有应用。比如儿女远行前和归来后，对其父母也是要行这一礼节的。

在谈话时，他们的晚辈还会将头巾摘下，放在肩上，先来一个深鞠躬，并口称长辈为"博"（大爷）。他们说话时的语气柔和，措辞有礼，颇有一些中国传统儒教的那种尊长之风。

在那里，年轻的姑娘、小伙子与长辈男子初次见面时，应当主动上前去亲吻长辈的两颊。至于同辈人相见，传统的礼节则是双方脱去头巾互相致意。但现在大都改为西方式的握手致意了。

如果你在室外见到菲律宾人，当你朝他招手时，他总会取下头巾，

再向你问候。若正好他未戴头巾或帽子,那时你会看到他那独特的举动:他将左手捂头,再向你致意问好。这正是对方表示敬重的一种独特方式。

**在菲律宾旅行,你可以穿得比较随便一点。** 那里一年四季都很炎热,平时人们多是短衫、短裤。在一些正式场合,他们的服饰已经比较西化,你完全可以按欧美的习俗来装扮自己。

菲律宾人有相当正式的所谓"国服"。男子的国服名叫"巴隆",多为淡黄色或白色的丝制紧身衬衣,并有长袖、短袖两种,从20世纪50年代起,它就成为菲律宾男子在外交场合、庆祝活动和宴会上的正式礼服,当然平时也可以穿它。这种国服是不需要扎领带的,又凉爽又方便,下身配一条西装长裤就行了。需要注意的是,应将衬衣下摆放在裤子外面,而不要扎起来。

女式国服被称为"特尔诺",它是由菲律宾前总统阿基诺夫人身体力行推广开来的。它是一种圆领短袖连衣裙,但它的两袖挺直,两边高出肩许多,如蝴蝶展翅,所以它也被称作"蝴蝶服"。此种服装具有很浓厚的西班牙味道。

在菲律宾,你可以经常吃到大米和玉米。在菲律宾人家中进餐时,他们会端上用椰子汁煮的饭、香蕉叶包饭等。届时你得同他们一起先将手洗净,然后用右手抓饭进食,这种吃法是极富有菲律宾风情的。

**在菲律宾的菜肴中,辣椒往往是必不可少的调味品。** 平时,他们还爱咀嚼槟榔和烟叶，一些妇女因此牙齿被染得漆黑，但却以此为美。

**在菲律宾，目前有为数不少的穆斯林。** 你在事先最好能打听清楚自己的交往对象的具体宗教信仰，并予以尊重。

那里有不少人平时不喝牛奶，但却爱吃海味。

**在菲律宾，迎送宾客，男女相恋或喜庆之日，有送花的礼节。** 菲律宾的国花是茉莉花，它在菲语中被称为："桑巴吉塔"。每当客人来时，少女们就会献上用茉莉花做成的项链和花环。你得到的花环越大，就表明对方越尊重你。

现在，在菲律宾的许多饭店、宾馆里，服务小姐通常会每天给你送来一束新鲜的茉莉花。它既表明对客人的敬意，又能够美化室内环境，一定令你难以忘怀。

在恋爱中的菲律宾小伙子，会经常送化妆品、水果和鲜花等给自己心爱的姑娘。其中以白色和桃红色为最佳，你若是无意中送去了红色和茶色的花，那你的好心可就白费了。因为这两种颜色是菲律宾人极其忌讳的。

在菲律宾人的婚礼上，新人也习惯于穿白色礼服，人们则以白花对其表示祝贺，这些做法正好与中国人的习惯相反。

在菲律宾，目前还没有有关离婚的法律，夫妇之间有了矛盾最多只能分居或自己调解。在这一点上，他们又与别的国家不同。

在菲律宾，你还应注意他们的节日和庆典。在首都马尼拉，新年时一派热闹景象。你要是认识菲律宾的青年，那他们很可能邀请你在除夕之夜，拿着一包彩色碎纸片去逛大街。一见到漂亮的女孩子，他们会顺手扔过去一把纸。那时你出乎你的想象，女孩子们不但不气恼，反而会笑以致答，原来它是对女性容貌的一种祝福和夸赞。

在菲律宾过元旦时，你应当早早起来，勤快地扫除、沐浴、更衣，并保持精神愉快，笑口常开。这是菲律宾人认为在新年里必须做好的，只有这样才会使你来年平安。

**在新年里，你可以送别人以马为图案的礼品，因为菲律宾人视马为吉祥物。**

此外，他们有一个传统的狂欢庆典叫做"阿替·阿替汉节"。如果有机会参加，你可千万不要错过了时机去体验一下菲律宾最传统的风俗。

## 第 23 篇
## 在印度尼西亚的你

大家好，在本篇里，我将介绍你在印度尼西亚与人交往时所需要注意的风俗习惯和礼仪规范的要点。

如今，东南亚已成为亚洲以至整个世界的旅游热点之一。来到东南亚的人，往往沉醉于泰国那千姿百态的佛塔，留恋于新加坡那花园般的城市风光，但也没有人会忽视印度尼西亚这个太平洋上的"千岛之国"。

总体来说，印度尼西亚这个国家美在山水，胜在古迹。其旅游点最集中的是爪哇、巴厘和苏门答腊。

它的首都雅加达建有一座名闻于世的"美丽的印度尼西亚缩影"大型公园，类似于我国深圳的"锦绣中华"微缩景观。此外，日惹皇宫、婆罗浮屠佛塔，佛洛勒斯的三色湖，加里曼丹的原始森林等等，这些地方肯定都是令你看不够、看不完的秀山丽水与奇景妙境。

在那里，当你在称呼印度尼西亚人时，与其他国家的方式往往会不一样。你那时应该"糊涂"一点：最好统称其为印尼人，而不必在乎其民族差异。虽然目前在印尼一共有100多个民族，但为适应其统一对外的需要，该国早已将印尼定义为"单一民族国家"。所以，在印尼，你要称某一个民族时，就改口叫它某某"部族"吧。

在那里有百余万的华人和华侨，你不时会看见自己所熟悉的面容与风俗习惯，但却没有必要时刻口头提及此点，尤其不要信口提及他们与当地的本土民族的具体关系问题。

在服饰上，印尼人的传统服装较多。他们的上衣一般是男女都可穿的"纱笼"，并配有色调一致的披肩和腰带。妇女们则多喜欢佩戴金银首饰，其最常见的是戒指和耳坠。在加里曼丹，人们还爱缠头。

作为外来者，你在此处完全可以随意着装。在国内可以穿的，在这里都是可以穿的。

因印尼所处的地理位置，年平均气温高达26摄氏度，故此你根本用不着准备在国内秋冬所常用的服装，而只要多带些又凉爽、又舒适并且庄重一点的薄衫薄裤就可以了。当然，在一些比较正式的场合，你还是应尽量穿得正式一些的。

平常与印尼人交往，你在其具体的称呼上肯定不会有太多的不便。他们的姓名，通常也是名前、姓后的。妇女婚后多改夫姓。在正式场合，你应庄重一些，称对方的姓名全称或姓。而在平时，你只要称对方的名而省略其姓就可以了。

**在正式的称呼上，印尼人与我国相似**。但不像我们分得那么细，而是引进了西方的一些特点，用叔叔、阿姨、兄弟、姐妹等几个词往往就可以全都包括了。原来他们互称"同志"，后来由于苏加诺先生自称为"加诺兄"，他们于是开始以"兄"来称呼男性。

有的外国人在印尼之初，听到当地人称他为"爸爸"，往往会大惊失色。其实，这些在他们的语言中并无亲属的含义，而是他们通常习惯以"爸爸"、"妈妈"来表示对男女的尊重。

你若是在印尼当老师，可就太幸福了，因为那样的话会有无数可爱的孩子亲昵地叫你"爸爸"、"妈妈"。同时，你也可以用这两个词来称那些有身份的、德高望重者。

平时，你要是在那里买东西、问路，不妨称中年男子为；称妇女为"姐"、"妹"等。

谢谢、对不起、请原谅、请、你好等等敬语,你则更是应经常挂在嘴边。因为印尼人是非常注重礼节的。对彬彬有礼者,他们往往会"礼尚往来"地予以厚待。而对于放肆、傲慢者,他们则极为冷淡,通常不会给予回应。

去他们家里时,你一定要首先敲门。主人不请你进入,你绝不能贸然闯入。

他们从长辈和客人面前经过时,一定要弯腰而行。妇女往往还会把腰弯得更低,以此表示对客人和长辈的敬意。

在印尼,人们是严格信守"左手不洁"的具体规则的。于是,你在那里自然只有右手可用了。虽然你并不像他们这样,但也一定要遵从其习俗,严守"左手不洁"的禁忌。所以在印尼,你递东西一定要用右手;握手时也一样,要么右手,要么用双手,千万不能单独用左手。

**印尼人习惯用手抓饭**。吃饭时,你可用右手手指将饭捏成团。但要想做到不沾手,也不掉饭粒,通常还是需要很高技巧的。

在那里,还有许多风味小吃,往往会令你大饱口福。印尼人长于烹调,咖哩鸡是驰名东南亚的印尼名菜,而且印尼人对于辣味是很喜欢的,餐桌上辣椒、辣酱肯定都会常备。

**置身在印尼时,你还应当特别注意他们的禁忌**。在印尼人看来,头部是神圣不可侵犯的。除了长辈和贵宾,你要是随意去摸别人的头,那可是对对方的极大污辱。因而,你在印尼见到小孩,可千万不要像在国内那样去摸他的头部。

**在印尼，老虎是极受人尊重的。**有的人甚至称老虎为"祖先"。在苏门答腊、爪哇等地，老虎出没，可当地人从不会直呼其为老虎，而是称为"祖宗"。所以，你给他们说什么，都会比你自鸣得意地讲那个"武松打虎"的故事强多了。

而另外两种动物，在印尼则是被打入另册的：一个是乌龟，通常被视为"侮辱"和"性"的化身。另一个则是老鼠，印尼人认为它只会给人们带来肮脏、瘟疫和灾难。

你平时与印尼人交谈时，切勿谈论该国的政治、宗教、民族等问题，尤其不要涉及个人信仰、金融危机、政治腐败、军人干政、民族关系和外来援助问题。过多地谈论当地华人的贡献，对对方的孩子进行批评，往往也是许多印度尼西亚人不愿意听到的。

**平日，印尼人讲求平等、协商。**邻里之间很少有什么纠纷。即使有了，也比较好解决。这种情况，往往也会影响到社会生活的其他方面，例如，债务、遗产继承，等等。你只要是一个和气、热心、讲信用的人，那你肯定就最好与他们相处了。

**印尼是一个多宗教国家。**人们信奉的宗教有伊斯兰教、基督教、印度教、天主教、佛教等。

第 24 篇

**在新加坡的你**

大家好，在本篇之中，我将来谈一谈有关新加坡的传统礼俗。

目前，新加坡的正式名称是新加坡共和国。它位于马来半岛南端，马六甲海峡出口。它现在是亚洲的第三大金融中心，世界第三大炼油中心。其人均收入居亚洲前列，同时也是东南亚地区充满活力的工业、商业、服务业中心。

当前，新加坡境内的华人大约占76%，其人数位居第一。再加上那里的马来人、印度人等，新加坡也算是一个多民族杂居的国家。

**除中国外，它也是世界上唯一一个以华人为主体民族的国家。**所以，你完全可以把你所熟悉的国内的传统礼节带到新加坡去。

新加坡华人的姓名同中国人的姓名结构完全一样，只不过他们常常使用方言拼音。一些基督教徒和受过西方教育的人，则会有多个英文名字。

你要是打算称呼他们，最好还是按西方人习惯的称法，称先生、小姐为好。与双方比较熟悉的话，则可以直呼其名。对方如果是马来人或印度人，那就应该按照其民族的具体方式来进行称呼。总之，应区别对待，千万不要笼统地称呼之。

**如果说新加坡是东方的礼仪之国，一点也不算过誉。**在新加坡，你不仅会沉醉于美丽的城市风光，而且更会为新加坡人的精神风貌所吸引。在这里，上至总理、内阁部长、议员，都要经常作有关文明礼

貌的讲演。新加坡文化部还专门编有各种宣传小册子，对人们在家庭、学校、公司及其街上等不同场所的行为进行规范化的指导。

"顾客就是上帝"，这个说法在新加坡是名符其实的。根据其文明规则，顾客临门，店员应笑脸相迎。你要去购物，未等开口时，店员就先来主动介绍。

进行选购时，你全可不必小心翼翼，而是可以尽情地选择，那时店员都会很有耐心地为你服务。即使你白忙了一阵，觉得没有合适自己的；或你不想买了，也不必过分客气，店员也会很和气地欢迎你下次再来。

**在新加坡，你不能忽视自己的邻居。**有人刚到新加坡时，一切都很陌生。但你在当地一大早外出时，却有不少人会主动来向你问候。原来，新加坡人习惯于邻里之间多多照顾，大家见面之时总要相互问候。

**在新加坡，逢年过节时，你最好能够主动地去拜访邻居。**平时，也要尽可能地为邻里多着想。你如果外出一段时间，那完全可以放心地将屋子托给你的邻居照看。他们往往会极尽责任地帮你的忙。当别人将这样的事托付给你时，你也一定要尽心尽力，因为这是在新加坡！

新加坡的华人，目前将中国传统文化和礼仪的许多具体内容都保留了下来。子女对父母要用亲切的称呼，而不能直呼其名。长辈讲话时，你不要乱插嘴。如果长辈叫你，那就一定要随叫随到。对长辈怠慢，非但是极不礼貌，而且也是很不应该的。

由于新加坡政府注重保护各民族的传统，因此，新加坡的礼仪与习俗也呈现了多元化的特点。与新加坡华人相见时，你可以按照中国的习惯，相互作揖以示尊重。异性之间见面，则可以握手。如果对方为其他民族，那就要施以对方民族的礼仪。

当别人介绍你或你介绍别人时，一定要采取西方通行的次序，即长者为尊、女士为尊，首先应当介绍的是具体地位较低者。

**新加坡人历来重视尊老与敬老。**在新加坡，敬老、尊贤早已成为一种良好的社会风气。新加坡每年都有"敬老尊贤周"。那时都会在全国普遍宣传文明乘车，遵守秩序，给老幼病残者让座等。其声势浩大，收效颇好。

**华人习惯以红色为喜庆之色，这在新加坡也仍然适用。**现在，新加坡人对白色也普遍看好，视之为纯洁与美德的象征。而黑色和紫色就没有这么幸运了，在新加坡，它们被视为不吉利的颜色。

你要是有幸去参加新加坡人的婚礼，不要忘了事先准备好一个红包，具体数额一定要送"双数"，而且钞票张数也要避免单数。

参加婚宴时，你在服饰上应当活泼、大方而整洁。注意不要像在欧美等国那样身着深色西服，并且应当在色彩上避免纯白、黑、藏青等色。

欧美人往往以守时赴约为一种礼貌和美德，在新加坡，你却最好不要这样做。比如去参加婚宴或是其他宴会时，你不妨"姗姗来迟"，而且不必道歉。因为在新加坡，人们常以晚去为荣，像是7点半的宴会，你最佳的赴约时间应当是8点。早去了不好；准时去，反而会给人一个印象——这人贪吃。所以，你要是不想被看成好逸恶劳的贪吃之徒，那就"姗姗去迟"罢。千万别准时去。

在当地用餐时，不要把刀叉交叉着放在一起。你也不要将筷子直接放在碗、盘上，而是应当把它放在专门的托架、酱油碟或垫盘上。

在用餐时，你最好先弄清与你同桌者中是否有海员、渔夫或从事水上工作的人？因为婚宴上多半都会有一道鱼，吃鱼时你若将鱼翻过来吃，他们肯定会生气。在新加坡，这是不吉利的，因为它预示着有人在海上会有落水、翻船等麻烦。

新加坡是一个花园城市。它地处亚热带，全年皆夏。在新加坡，你的穿着应尽可能以舒适、凉爽、大方为原则，纱、棉、绸、绢衣等等，都是可以的选择。

除了出席正式场合或去公司上班，你完全可以一袭轻纱，短裤的打扮。在色彩上，则应当趋于淡雅、明朗，一般应以纯色或两色搭配。

近年来，在新加坡颇为流行黑、白、灰等色的服饰，以显示人们的高贵、优雅、知性。

由于多年的努力，新加坡的国民素质大大提高。它也具体反映在新加坡的市容上：这个国家城市里出奇的清洁，人们誉之为"美丽果园"、"花园之国"。为了能够获此美名，新加坡人是下了很大力气的。在这其中，"法"和"罚"是两大有力法宝。

**在新加坡，你应当十分严格地约束自己。**目前，新加坡对违反法规者往往会处以重罚。例如，在街上，你要是随地乱扔纸屑、果皮等垃圾，只要被抓住，你不仅先得乖乖地交上一大笔罚款，而且随后还会在新加坡的报纸上见到你的大名。

在保护市容方面，新加坡还有一些具体的规定应当引起你的注意：例如，在市区里汽车不能按喇叭，更不能将排气设备不好、老冒黑烟的车开到市区去，否则你又是去自己"找罚"。

**在新加坡，目前是明令禁止在公共场所吸烟的。** 你要是一个"烟民"，那可一定要在公共场合忍住了。在新加坡人面前吞云吐雾，尤其在妇幼面前吸烟，那你就会被别人看扁了。

在新加坡，你肯定不会不适应其饮食习惯，因为那里基本上是中国各地名菜、名小吃的大荟萃。大米，是他们的主食。新加坡人还爱喝豆浆、爱吃豆腐、辣椒和大蒜。在他们的一日三餐里，像潮州粥、福建猪肉骨茶、海南鸡饭、炒米粉等，都常见于桌上。

如果有空，你最好去新加坡街头逛逛其独有风味的"大排档"。那些经过卫生检查的排档，不但物美价廉，而且独有风味。它通常会有各种各样的中式糕点，其中往往有一种名叫"沙爹"的新加坡小吃。它是将极薄的生肉片串在竹签上，烘熟之后再加上辣酱，吃来风味极好。

**新加坡人十分重视春节，他们称之为"华人新年"。** 在此期间里，新加坡人喜欢吃鱼，以示吉利，华人之间会互道祝福，并在家里贴上蝙蝠图案。他们还以梅花为新年之花。

你要是在春节时去新加坡人家里做客,最好带上两只橘子,其寓意是"大吉大利"、"两粒黄金"和"好事成双"。告辞时,主人往往也会送给你两只橘子,以示主人送回你一些好运。去拜年时,请记住:不要穿黑衣服。

新加坡人还有这样的新年风俗:不能说不吉利的话;初一不能扫地。在初三,你不要去拜访别人。因为在他们看来,初三是最容易吵架的日子,那时各自最好待在自己家里。

平时,新加坡人十分忌讳用食指指着别人,更讨厌你紧握拳头自打另外一手的手心,或将姆指插在紧握着的食指、中指之间。这些具体动作,都被视为是带有侮辱性的。他们还认为:你要是动不动就双手插腰,那可就表示你正生气呢。

第 25 篇

**在印度的你**

大家好，在本篇里，我将向大家介绍一下有关印度的风俗习惯与礼仪规范的基本要点。

总体而言，印度实在是一个神秘的国家：她那灿烂的文化和历史遗迹，古朴奇特的教规习俗，浓浓郁郁的风土人情，以及今日印度日益发展的经济景观，都勾勒出了一幅色彩绚丽的画卷。

这个南亚第一大国，有太多的东西需要我们去了解啦。

在这个由近12亿人组成的大国里，有印度斯坦、泰卢固、孟加拉等民族。其各民族的杂居、相互交流与冲突，都是世界上少有的。这种多民族杂居的状况，也反映到其日常习俗和禁忌之中。

**首先，你会发现：印度人的姓名是比较复杂的。**其国内各地、各族人的姓名就有很大的差别。

例如，北印度教徒是名前姓后，子女随父姓。南印度教徒则是子连父名，女连母名，并加上村名和种姓；妇女婚后都要随夫姓，其名多以柔和清晰的长元音结尾。

**印度古已有之的四大种姓，通常也反映在印度人的姓名中。**"婆罗门"表示吉祥，"刹帝利"表示权贵，"吠舍"表示平民，"首陀罗"则表示卑下。它们都能从人们的姓名中看出来。

在印度，锡克教男子多在其名字后加"辛格"（狮子），女的多在名后加"考尔"（美女、公主）。

总之，你只要多加注意，那你就完全可以从一个印度人的名字中得知其具体的信仰、种姓、身份和性别等等信息。

**在称呼问题上，通常应当对不同宗教、种姓和职位者加以区别的对待**。例如，要表示对对方的尊重，最常用的，就是在其姓名后加"谢里"或"吉"（先生）。它也可加在官衔、职称之后，如尊称老师为"古鲁吉"。

在上层社交界，你基本上也可以按照西方的习俗来称呼印度人为先生、小姐、夫人等。

在与印度人交往时，你将难以忘记他们那种真诚的微笑。走在街上，印度人往往会主动向你投来友善的目光。

相互见面时，你应当学着他们的那种样子：微躬身子，双掌合十，以互致问候。

**在印度**，人们还惯于使用一些较为有特色的见面礼。其中，"贴面礼"流行于印度的东南部地区。其具体做法是：与客人相见时，将自己的鼻子与嘴巴贴在对方的面颊上，并且用力地吹气，同时还要念道：

"嗅一嗅我。"

**在印度的某些地方，晚辈见到长者，则要行"触足礼"**。它是一种礼遇极高的见面礼。行礼时，晚辈弯腰以右手触长者右足，再触自己的前额，以示尊敬长者，并同时以头接受长者的轻抚、祝福。

**此外，印度还流行"举手礼"**。它是合十礼的一种变通。当一手持物，难以双手合十时，则举起右手，指尖向上，掌心向内，向交往对象致敬，与此同时，还需问候对方："您好！"

**目前，在社交场合里也可以行握手礼**。不过在一般情况下，印度妇女仍不习惯与异性握手，所以平时你最好以合十礼与之相见。当然，如果女士主动伸手，那你一定要热情而轻握之。男女之间在公共场合亲吻，在那里则绝对是不文明之举。

在印度，妇女如果有可能见到外人和长者时，都要以纱丽盖头，以表示礼貌。

同印度人谈话时，你往往会奇怪地发现，他们总在不断地摇头。原来，在印度，人们从不会有点头的动作。如果他们要表示赞同，就会将头左右摆动；如果他们持否定态度，则会将头左右转动。如果对于这一点要是不清楚，你说不定就会闹出什么笑话。

当你去做客时，你往往会为印度人的好客之情所感动。在他们那里，根本无所谓是否预约，只要你登门，不论在哪里，你都会有笑脸相迎。

去做客时，你往往不能空着手。一般来说，带一些精美的甜食和水果就行了，否则是不礼貌的。

**向对方赠送礼品时，一定要用双手或只用右手**。不要忘了，那里也是奉行"左手不洁"的禁忌的。

在印度，一些教仪和教规往往影响到人们的日常生活。例如，在饮食上，印度教徒们大多喜欢素食而远离荤腥，就是其宗教戒杀生的反映。

在印度，你可以见到土豆、葱头、圆白菜、西红柿等蔬菜。印度人在中午和晚上，都爱吃一些豆类。另外，他们往往特别爱喝牛奶，以补充其肉食的不足。酸奶、乳酪、奶茶，都成了他们常喝的饮料。

平常他们还爱在奶茶里加入姜或小豆蔻，做成独特的"马萨拉茶"。在喝它的时候，你可先要看清楚了：茶不是倒在杯里，事实上也没有杯子，而是直接倒在盘里，然后平端起来，用舌头"舔饮"之。

**印度人做菜，最基本的烹调方式有三种：炒、煮，烩。**他们常用酥油和菜籽油。平时，他们所使用的香料则十分丰富，丁香、肉桂、胡椒、姜黄等有好几十种，其中又以咖哩最为普遍。"敦都里鸡"、"奶油羊肉"都是印度的名菜！

甜食，是他们最喜欢的食品之一。在这里，你可以品尝到几十种风味各异的甜食。用酸奶做成的"拉耶达"和"谢利更德"，则一定会让你吃个没够。他们的餐具都很精美，而且干干净净，亮得可以照见人影。

在印度，气温可高达 40℃。因此，你在准备服装时，一定要充分地考虑到其透气性和是否凉爽。在城市里，人们的服饰多已西化。男的穿衬衣、长裤，正式一点的就是西服革履了。你的服饰也可以完全随自己的喜好而定。

在这里，人们的禁忌很多，你遇事一定多考虑考虑。例如，出门时要是碰到猫或蛇在路上，那必须马上回头。在公司里，你可不要乱动桌子的位置。这些办公桌都清一色地放在东南或西北角，据说只有这样才可事业顺利、免受挫折。

**印度人讲究：太阳落山后，不能理发、剪指甲、洗衣服。**在晚上，千万不要提到蛇和理发师，也不要吹口哨。在印度人看来，那样一定会引来鬼的。如果印度朋友在你家留宿，那你一定不要让其睡在头朝北的床上，那将是对他的诅咒。脱鞋时，忌一只压着另一只。早上，你则要忌提到猪、狗、猫头鹰等。在节日里，忌烙饼，忌买火柴，妻子忌穿素服。要是有客人到来，忌当天吃蚕豆，因为它是在死人时才吃的。客人刚走，忌扫除。出门在外，忌食酸食。至于新衣服，则忌其不洗就穿，等等。

**此外，他们还极其忌讳"3"和"13"。**因为他们认为鬼神的第 3 只眼是表示毁灭；而人死后会有 13 天丧期。在印度南部，你则要注意避开"1"、"3"、"7"等几个数字，并以其他数目代替。在这里，有人安电话时，为了避开这些数字，可以安然等上好几个月。

**还有，你绝对不要在那里伤害牛和猫，尤其是牛。**它在印度似乎是一种特殊的动物。印度的牛非常多，多得往往遍地都是。印度教徒又爱牛、敬牛，奉若神灵。任何人不许乱碰，更不可杀牛、吃牛肉。

人们在平时往往也十分忌讳提到牛。

中国人说下辈子"做牛做马",往往是以示卑微。可在印度就不同了,人家会以为你这么说是自视为神,是对牛的不敬呢。

在印度,你还要注意:人们对于水有一种圣洁的感情。印度人发誓时,往往爱说"以手捧着的恒河水为证。"平时,他们爱洗澡。早上起来去做祈祷前,人们都会先沐浴更衣。印度教教徒认为:"入河沐浴,可消罪过",故此他们经常要下河,尤其是进入被视为"圣河"的恒河沐浴。

# 第26篇
## 在以色列的你

大家好！接下来，我要向大家介绍的是以色列的风俗习惯与礼仪规范的具体要点。

地中海鳞鳞的波光和阿拉伯半岛那漫漫黄沙，围拥着以色列这个谜一样的国家。二战以来，这里便是一片从未安宁过的土地，连年征战不已。在恩恩怨怨之中，高达2.2万美元的人均GDP，使以色列跻身于西方发达国家之列。

这种情况，不能不说是一个奇迹——因为它与沙特等石油大国相比，在其资源上显得十分贫乏。以色列人不靠石油，而是以自己的工业，在沙漠与大海之间开垦出了一块经济上的"绿洲"。

在以色列，80％以上的人口是犹太人。他们集体信奉犹太教，奉雅赫维（即基督教所说的耶和华）为"唯一的真神"。这种宗教信仰极大地影响到他们的日常生活。我们应当对此有充分的了解，从而更好地尊重他们，恰当地与他们相处、交往。

**以色列人在礼仪方面的具体做法比较简单、朴实。**有客人来访时，如果主人很尊敬你，他们就会捧出"盐和面包"（也有人会拿出"以酒和面包"），来隆重地欢迎你。这是犹太教迎接贵宾的传统礼仪。如受此重礼，你可真是幸运。

**宰杀羔羊，几乎是以色列所有仪式和礼仪中重要的一部分。**

目前，以色列有两处重要的纪念场所，即西墙（也称哭墙）和燔祭纪念堂。在同以色列人谈到这两个地方时,你应当保持庄重、认真的态度。要是让人家感觉你对这两个地方很无知、很不敬,那可就糟了。

以色列人在文体方面也颇有特色,他们创造出了一种很特别的犹太人怀乡音乐,听来极有韵味。

此外,他们平时有一种合唱的习惯。在那里,合唱队的数目惊人的多,而且以色列人对此的热情非常高。

**在以色列,人们的服饰是多种多样的。**各教派都有自己特定的服装,但整个以色列并没有什么统一的"国服"。中欧人的长礼服、也门刺绣装、皮长袍等等,在当地都可以见到。有时,女招待们甚至将阿拉伯人的大袍当成了工作服。

天热时,只要不是在正式场合,运动短裤、短袖衬衫、轻薄的裙子等等,你都可以放心地穿出去。当然,在正式场合,你还是应当参照欧美习俗来穿戴。

**通常,以色列人的许多禁忌可以从其饮食习惯中体会得到。**你在与犹太人进餐,或与他们谈到食品问题时,应当注意:他们只吃所谓的洁净的动物；不吃无鳞无鳍的鱼类；并且禁止将乳制品和肉类混在一起食用。他们极其忌讳食用猪肉。

在不按犹太教规供应饭菜的餐厅里，尽管可以卖猪肉，但你仍然必须按其习惯来叫菜。比如，你叫了肉排，侍者便会问你是不是要"白色的肉排"。在那里，"白色的"就是专指猪肉。人们往往不敢说出动物名字来，你千万别去犯对方的禁忌。

具体来说，由世界各国移民组成的以色列人的饮食习惯，可以说是五光十色、异彩纷呈。有些时候，设宴待客的以色列人往往会热情地向客人们推荐一道"以色列国菜"。你还会奇怪地发现，它们几乎没有一样菜是本国的，多半都是来自于其他国家。这是因为，与其主人一样，它们也来自世界各地。

例如，阿拉伯的油炸鹰嘴豆面丸，北非人的"古斯古斯"、欧洲的肉馅鱼、匈牙利式的红烧牛肉，等等，都被他们当成了本国名菜向你推荐。那时，你不妨顺水推舟地对其夸赞一番。

此外，他们在不同的节日里，会有不同的菜吃。其节日菜肴，通

常也是庆祝节日的重要内容之一。

例如，他们在周五晚上必须有鱼有肉；过逾越节时，则要吃无酵面饼和未加调料的菜；在犹太新年餐前，一定要吃蜜饯苹果，等等。

**在以色列，最大众化的饮料是茶、果汁、淡啤酒等。**喝咖啡时，人们往往会配上一些蛋糕。而当你去政府部门时，则会喝到其独特的土耳其式咖啡。平时，以色列人常常是一天到晚都在喝咖啡。为了这一点，你就应练出好的"咖啡胃口"。

在那里，你可以放心地豪饮酒类饮料。以前这里只有甜葡萄酒，而且只能在宗教仪式上用于祝福。现在，这里好酒成堆，上等的红、白葡萄酒，玫瑰红葡萄酒等等，都颇受人们欢迎。

该国规定：希伯来语是以色列的国语，阿拉伯语为其官方语言，英语则为其通用语。

**其实，你只要会英语，基本上就可以在以色列通行无阻。**偶尔你也会在街上遇到某些比较极端的犹太人，他们不仅拒绝回答你使用外语的问话，而且还会对你竟然在以色列不讲希伯来语大加指责。此时，你不必同他们计较，只要有礼有节地避开对方就行了。多数以色列人对于外来人，往往都是持以非常友好的态度的。

第 27 篇

**在南非的你**

大家好，在这一篇中，我将介绍一下你在南非时所需要注意的风俗习惯与礼仪规范的具体要点。

1986年，由美国40多位歌星共同演唱的歌曲《天下一家》，在一夜之间唱遍全球。这首由美国摇滚巨星迈克尔·杰克逊创作的歌，是献给一位可敬的黑人领袖的，他便是南非国大主席——纳尔逊·曼德拉。

**南非，是一个地处非洲大陆最南端的国家。**它的东南西三面被印度洋、大西洋所环绕。

南非特殊的历史，使其深受西方文化的影响，同时又保留着很浓厚的黑人部族的一些禁忌、传统和风俗。

**置身在南非，你就会发现，人们的姓名已相当地西方化了。**一般的黑人都会起一些在欧美等国所常见的名字，例如，乔治、海伦、威尔逊等。

因此，你在与他们打交道时，在称呼上就不必太讲究了。习惯的做法是：男子称先生、少女称小姐、已婚女子称夫人或太太。对女子可统称女士；同事、朋友之间，如果你与对方已经比较熟悉了，则可以去其尊号，而直呼其名。

但对于那些教会领袖、大学教授等有名望的人士，在称呼时最好还是不厌其烦地加上头衔，以示敬重。遇到那些年长的黑人，你在称呼上也可以随黑人的传统称法，即在对方名字后面加上相应的辈分称呼，例如，"乔治爷爷"、"汤姆叔叔"，等等。

**目前，南非是一个经济发达的国家。**占人口总数1/5的白人后裔，在南非经济中占据主导地位。因而在南非，荷兰语和英语都是现在的官方语言。在南非的大部分城市中，社交礼仪、风俗习惯乃至衣食住行等方面与西方没有太大的区别。你完全可以较为随便地着装，在公司和一些正式场所则最好能合乎规范地穿着西服。

在广大的黑人部族中，大多还穿着具有民族特色的传统服装。例如，在恩特瓦纳部族，男子通常都围着一种奇特的腰布。它既非束腰，又非擦汗用，而是他们纪念其部族祖先的一种特殊服饰。妇女则往往穿着下摆带开口的长内裙，外面套上长袍。这种长袍是有其含义的：宽大的长袍表示已婚或做了母亲；而未出嫁的少女或新娘子，则穿着齐腰的短外衣，并在上面缀满珠子。妇女们在婚后，她们的饰物必须要比婚前少，否则将会被视为对丈夫不忠。外出时，她们还必须穿上黑裙子，不能裸露胸脯和双肩。如果你见到脸上有红色油彩的黑人妇女，一定不要大惊小怪，这不过是恩特瓦纳部族妇女外出的一个标记。

在东加部族，那儿的妇女开口一笑肯定会让你吓一跳，因为她们都没有门牙，这实际上是其部族妇女的一个标志，以便使其在进餐时"食不露齿"。

如果你要较多地与南非黑人部族接触，那就一定要熟悉他们的饮食习惯。他们的食物主要是玉米、高粱和小米。在日常生活中，他们也常吃薯类、瓜类和豆类食品。

**平时，他们非常爱吃牛羊肉，但一般不吃猪肉和鱼类。**他们爱吃熟食，烤牛、羊肉是他们的一道拿手菜。平日里，他们常常做玉米面粥，并在其中加上盐和野菜。这些野菜，通常就是他们的蔬菜。

你去黑人部族做客时，他们往往会给你送上新鲜的牛羊奶，你不妨接过来喝一个饱。由于他们多以畜牧业为生，因此，他们最爱以这种刚挤出来的鲜奶来招待客人。

如果有机会的话，你也不妨尝尝他们那里独具风味的土制啤酒。它肯定与你所熟悉的啤酒味道不一样。

**在黑人部族里，至今还保留着种种的习俗禁忌。** 你对此可得小心，不要有意无意地同他们尽力维持的风俗习惯"过不去"。

例如，如果你是一位女士，去黑人部族拜访时就更需要注意了：你千万不要好奇地随便走进当地的牲口棚。在院子里，除非主人主动邀请你到火堆边去谈天、观舞，否则，你最好离火堆远点。

在南非，目前黑人部族大多还处于父系氏族时期，因而对妇女有相当的轻视。他们认为，牲口棚是节日里宰杀牲口、举行宗教仪式的场所，所以是很神圣的。而火堆是男人们回顾部族历史，以土制啤酒待客的地方。是故，这两种地方都不欢迎妇女。

在某些黑人部族里，他们与白人有一种传统的对立情绪，因此你不要当着黑人的面主动提及与白人有关的事。

在南非，除了白人和已经西化的黑人庆祝圣诞节、复活节等基督教节日外，其他的部族主要庆祝的则是他们各自的宗教和传统节日。

在南非，你可以享受到很好的医疗卫生服务，但其费用也十分惊人，因此一些黑人是无法问津的。他们大多采用一些在你看来也许非常可笑也是很落后的方式，比如利用巫医来治病。对这些事情，无论你自己心里有什么样的想法，都最好保持沉默，少去说三道四，以免惹出一些不必要的麻烦。

第 28 篇

**在美国的你**

大家好！在这一篇里，我将介绍一下你在美国时所需要注意的具体的风俗习惯与礼仪规范。

美国是目前世界上最强大的国家。作为一个移民的国家，它容纳了来自世界各地的人口。

**美国人的姓名五花八门，难以有一个统一的模式**。就总体而言，其名字由二部分组成：名字（叫名），父名，姓氏（家名）。其中父名往往是以一个字母来代替，如"弗兰克林·D·罗斯福"。

在美国，你经常会发现有些人的姓名后面有一个"Jr."，其意为父子同姓同名，而这是儿子的名字，可译为"小"，并应加在全名之首。

目前，美籍华人的名字，大多使用的是汉语拼音，但也有采用汉语姓、英语名者。

**在美国这个崇尚自由的国家里，你可以在称呼别人时随便一点**。他们多喜欢直接称呼你的名字。在社会上，至多用"先生"、"小姐"、"夫人"等称法，但通常它们都是不与名字相连的。

在学校，人们一般是不使用"老师"这个称呼的。对于男教师你可以称之为"先生"；对女教师，你就更可以亲密一些，直接称呼其芳名或姓氏。

在美国，当你与女士们交往时，现在用得最多的就是"女士"这个称法了，这是最保险的。当你对对方婚姻状况不了解时，这个称法最有用。

初次与美国人相见，你可以先称其为"先生"、"女士"，以示尊重。进而与其进行交谈时，你往往就可改口称其姓氏了。谈上几分钟后，那你就干脆直呼其名吧。有时，对方往往会自己主动地告诉你该怎么称他。不过，你也不要过于放肆。可以随便一些，并不等于你可以完全无礼。对于年长者，你应当先等其自己提出之后，再去直呼其名。

异性之间交往也是这样。在叫女士名字前，你还是应当有一些绅士风度，先征求其意见。只要她点头了，你就可以自然地叫她的名字了。一般来说，未经对方同意就直呼其名，不能说是美国人所喜欢的称呼方式。

**当你被别人介绍，或别人被介绍给你时，往往大多是连名带姓，需要全称一起使用。**

对于某些职业的人员，你可以将其名字和职业连起来称，如"哈利医生"、"史密斯律师"等。而一些行政职务，则大多不应当与名字

连在一起称呼。

目前,美国的青年一代,往往连"先生"、"女士"等称呼都快废除了。他们觉得:这些都过于正规了。最随便、最自然的,就是称其名。当然,你初次与人接触,在不知对方倾向的情况下,还是稍微礼貌一些吧。

**平时,美国人的确是不太拘泥于礼节**。初次见面,你最有可能只是"收到"对方真诚的一笑,并伴之以一声美国正宗的"嗨",或"哈罗",仅此而已。此外往往手也不握了,"先生"也不称了,"小姐"也不叫了。

同样,在一次聚会结束,或业务会议散会时,美国人也多半不会同每个人一一道别、握手。那时他们往往只向大家挥挥手,道一声"再见",然后就各奔东西了。只有在较正式的场合,他们才会认真地握一握手。此时,大多应当由主人、长者、有身份者和女士首先伸出手来,你再去握也不迟。

**美国人讲求平等,普通人如此,那些身份高者亦以平等和普通为荣**。在美国,有些场合会有贵宾席,但该去那里就座的人大多不愿去坐,这与讲求荣耀的英国人正好相反。美国人只有吃饭时,才必将贵宾置于男主人或女主人的右面,即所谓"以右为尊"。

**美国人往往很健谈,这与北京人的爱聊倒是十分地投合**。他们也很爱争论,但你一定要注意:不要随便打断别人的话。当别人说话时,你应当礼貌地直视其双眼,以示尊重,否则人家会以为你对他的话反感。

与此同时,你也不必过分地凑到人家面前去,那是同崇尚独立的美国人性格相冲突的。有时,在谈话中你会发现他们突然默不作声了,这并不是说在某一问题上同意了你的观点,而多半是他们认为再与你争下去就不礼貌了。

在美国，你同他们聊天时，对于那些涉及个人的"私事"，如年龄、婚姻、收入、宗教、投票等，你最好少问，因为他们肯定是不愿告诉别人的。此外，你一定会记得：在中国，我们总爱称中年人为"老王"、"老张"，以示其成熟、稳重，可要是在美国如此这般你就惨了。首先，你不能将其变老了。其次，你更不能询问其年龄。对于女士而言，就更是如此了。无论她们青春正少，还是徐娘半老，都会对自己的年龄讳莫如深。你又何必去弄得红颜色变呢？

在美国人家里做客时，你的随便应当相对注意一些。他们的个人卧室、办公室等处，都是不许别人随便进去的。即使在其房内，你也不要乱翻壁橱、桌子、抽屉，或者桌上的信件文稿等物。如果你一定想进去，应该先征求主人的意见"我可以进去吗？"得到允许之后，你再进去。

与此相关，当别人正在阅读什么时，在别人不知你已到场的情况下，你不要从别人背后去偷看，那样肯定是会令对方生气的。他那时会认为你不尊重他。

**如果美国人请你吃饭，你完全可以不送礼，不送花。**如果你去美国人家里度周末，或小住一些日子时，那你就应该"偏心"一点，给女主人带去礼物。美国人通常是重情而轻礼的，一本书、一盒糖、一瓶酒……都是受欢迎的礼品。

当然，在节日里，你最好能给人家送一点礼物，并且把它包装得好一点。他们多半会当着你的面把礼品打开，并同时热烈地感谢你的情谊。

在美国，你若是将别人的礼物来个"旧式"或"英式"的私下处理，即不当场拆封，则美国人多半心里会很不高兴。

**美国是一个快节奏的国家，美国人平时的生活也是紧张的。** 你对此应有充分的心理准备。我们往往在国内适应了那种慢吞吞的节奏，初到美国时，总是难以相信他们竟然那么快地说话、办事、吃饭和谈恋爱。

**你在美国办事情，赴约一定要准时，上班则更要准时。** 他们办事非常讲效率。如果你同美国人约会时因故迟到15分钟以上，那就最好先通知对方。

**平时，美国人的衣着较为随意。** 他们对于衣服的面料、式样和剪裁通常都不是太在意。当你走在马路上，衣冠楚楚者是颇为少见的。一到夏天，不论男女，往往都是短袖、T恤、牛仔裤、旅游鞋等便装，显得一身帅气。在美国，绝大多数人对衣服的要求是：保暖、口袋要多，并且一定要耐脏。这都是他们图方便、省时间的生活习惯的一种具体体现。

在美国人的日常服装中，夹克、牛仔裤、背心（马甲）最具其特点，

其中又以牛仔裤最具代表性。它甚至可以说是最正宗的、饱含美国文化的、美国人的"国裤"。现在牛仔裤已成了全世界最流行的时装，即使在英国这样保守的国家，上至公主、下至平民，也都爱穿它。

当然你也不要曲解其"穿着随便"的含义。在一些比较正式的场合，美国人也大多都会穿上西服、系上领带。它是在美国最为标准的礼服。至于一些富贵阶层和名人，那就更讲究其穿着了。他们讲求名牌、追捧名师设计、占有特别版的服装，处处都要与众不同。

在美国你还会发现：人们的衣服往往是随和而多变的。平时，美国人极其讲究卫生。这一点，通常具体体现在他们几乎天天都要换洗自己的衣服上。据说，在美国的大学里，没有一个教授或学生会连续两天穿着同一件衣服。当然信不信由你。

我给你的建议是：自己的衣服并不一定每天都换，但一定不要穿脏衣服。在夏天，最好能天天换衬衫和T恤。如果你爱系领带，则你的同一条领带最好不要连续使用两天。此外，衬衫、内衣、袜子等，都必须每天一换。

**美国是一个"运动的国家"。**美国人爱玩,更爱好运动。各种体育活动,在那里都有其极广泛的爱好者。

篮球、橄榄球,目前都被称为"国球"。一到比赛季节,那种狂热和全民观赛的气氛,往往会令人非常感动。

在美国,饭店里的餐厅要比专营餐厅里的价格贵,而且饭菜的量小。在其街头的多数餐厅里,通常花上几个美元就能吃上一顿。而要是在快餐厅里,价格就会更加便宜一些。

在美国,人们在中午大多是简单地吃一点东西就可以了。只有到晚上,人们才会美美地吃上一顿。但它往往也不过只是一两道菜,加上一些点心、水果,并且再喝一点酒而已。平时,他们最爱吃的大菜是猪排、牛排。

**在那里用餐时,你应当适当地注意其餐具的具体用法。**他们也是左叉右刀。但与英国所不同的是,你在美国应将该切的全部切好了,放下餐刀后,再用右手拿着餐叉开吃。你可千万别用餐刀来吃东西。

在美国,你可以喝到各种饮料,有的还含有酒精。他们喝东西时,大多喜欢来点冰块,所以你若是不喜欢,一定要事先声明。至于对含酒精的饮料,并不是所有人都能够喝到的。美国所有的州都规定,只有在 21 岁以上者才有此权利。

**平时,美国人也爱喝茶。**不过他们为了节省时间,就同速溶咖啡在美国最受欢迎一样,他们往往爱喝速溶茶。

近年来,美国人的饮食习惯也在逐步发生变化,已有许多美国人开始喜欢吃中餐了。

在那里,你也许会因其年轻人比较随便,所以就认为美国人并没有什么禁忌,其实根本不是那么回事。总体上讲,美国人平时也是有一些话不能讲，有一些事不能做的。

"在美国你可以谈性，可以骂总统，但你绝不可以谈论钱，更不能开口借钱。"这是一句在美籍华人中广为流传的话。事实上，以上这三方面都是不宜谈论的，其中又以少谈论钱为最甚。在公开场合，你一定不要同美国人讨论收入、薪金或别人的私有财产等。至于所谓的性自由问题，在美国你也不要在公开场合乱讲一气，否则别人可能说你下流、庸俗，甚至有个别古板一点的人会去告你一个"性骚扰"的罪名！

对于那些宗教信仰比较虔诚的美国人而言，你切切不可在其面前发表一段"无神"的高论。他们最忌讳别人轻率地谈论上帝。

**虽然说多数的美国人平时举止随便，但其却极其富有公德心。**在大街上，极少有随地吐痰者。对于那样做的外国人，他们有时会上来制止。他们非常注重维护自己的环境卫生。

第 29 篇

**在加拿大的你**

大家好！在这一篇里，我将介绍你在加拿大时所需要注意风俗习惯与礼仪规范的要点。

在北美洲那片广阔无垠的土地上，美国和加拿大占了绝大部分地盘。作为世界上面积仅次于俄罗斯的大国，加拿大的人口却极为稀少。其首都渥太华也在世界大都市中得了个第一：人口密度最小。

在加拿大，各民族移民的融合性和冲突都很明显地体现了出来。目前，其居民以英、法两国后裔为主，分别占到了28%和23%。因此，英、法民族的特点和习俗也就深入到加拿大人的生活当中。

在加拿大的北部，生活着地球上最北部的居民——加拿大的土著居民。在那里，你若与他们交往，可称其为"因纽特人"，而不可按照过去西方人的习惯称呼其为"爱斯基摩人"。因为后者的含义为"吃生肉的野蛮人"。这被他们看作是一种歧视性的称呼。

**在加拿大，你可以看到：人们的姓名是按照标准的欧美习俗排列的，即名在前姓在后。** 其名字往往也多是叫名、本名所组成的。在书信和正式场合，则多称人的姓氏。

在亲友、熟人之间，通常多用昵称，而且一般不会加上表示亲缘关系的称呼。平时，对他人直呼其名以示平等，是加拿大移民文化的一种体现。

他们在其上下级间，也至多称"先生"、"女士"，只有在比较重要的国际场合里才会加上对方的职务；而且很少将"经理"、"主任"挂在嘴边。他们更崇尚一种协作和平等的称谓关系。

与加拿大人交往，你往往不会感到太困难，他们大多比较随便、朴实、友善而和气，使你很容易接近。同时，他们还非常注意礼貌，但不流于繁琐的礼节。他们讲求大方、持重而真诚。

在加拿大，只要你见过一面者，都应在再相见时主动打招呼、问好、握手。若你们是老朋友久别重逢，那多会热烈地拥抱和握手。至于平时，关系亲密者打招呼时，一声极随便的"喂"也就足够了。

**在加拿大，你完全可以对别人直呼其名。**如果没有特别重要的事，你甚至可以省去"先生"、"太太"之类的称呼。

在这里，男女相见时，只有在女士先伸出手来，男士才能与其相握。男士通常不宜主动去找女士握手。此外,除了大冬天在室外这样的情况，握手时应脱掉手套，否则是极不礼貌的。

在加拿大，你若想去别人家做客，最好能够提前约好，通一个电话，定好时间、地点，让主人能稍做一些准备。除特殊情况外，最好不要随便乱闯。

**你如果去赴宴，那么一定不要提前到达，而是最好能晚一些。**如因故不能到达，则一定要提前打招呼，或事后去电话表示歉意。

加拿大人比较好客，而且讲究让客人能自由、随便一点。亲朋好友相聚，大多是选在家里，而不去餐厅。他们认为：那样更能好好谈天。在这里，你经常能参加各种"冷餐会"。主人事先会将各种食品摆在桌上，随吃随取。由自己入座，边吃边谈，气氛十分好。

**在加拿大，去别人家里做客，你当然不能空着手去。**一般而言，带着一瓶酒或一盒糖就可以了。而且，你要是去赴宴，那酒多半是在进餐时打开来喝的。

如果对方邀请你去家里共度周末并住上两天，你多半应给其孩子或女主人送一点礼物。事后，你还应该给主人"修书一封"，表示你的谢意。

在公共场合，你应学着加拿大人那样，注意文明礼让，遵守交通规则，有秩序地排队。在那里，也很少会有人拥挤。在公共汽车上，你应当主动向残疾人、小孩让座。在那里，往往没有售票员，而多由司机来收票。你应主动出示车票或买票，而且要自备零钱，因为这里司机从不退钱。

在那里，你要是去剧院和音乐厅，可以在服饰上正规、庄重一些，而且最好能够准时去。如果已经开演了，你才匆匆往里赶，坐在你周围的人往往会对你极有意见的。凡稍微正规点的剧院，售票员那时都会拒绝让你进去，你一直要等到中间休息才能入座。

**如果你去那里的教堂，打扮一定要庄重一点**。人家在那里顶礼膜拜，你却随便来回走动，并且嘴里嚼着口香糖，显然是极不严肃的。

在加拿大，男子以西服为正式服装。而在平时，你只要穿夹克就行了。冬天，男子衣服式样较少。由于太冷，羽绒服、大衣、皮靴等等都是必备的过冬之物。在夏天，男子大多爱穿衬衫、牛仔裤。

当地女士的衣服，通常就要"丰富"得多了，其式样也更为讲究。加拿大妇女过去喜欢穿式样新奇的服装，现在则更为注意其宽松，舒适。她们往往更重款式，而不那么看重其质料。当阳光明媚时，女士们则会穿上裙子、短衫、短裤。

**在加拿大时，你往往是最自由的人了**。你在衣着上往往可以随心所欲，爱怎么穿就怎么穿。只有政府官员和公司的高级职员，才会在衣着上比一般人讲究一些。

在加拿大，目前人们的一日三餐也体现着其发达、快捷的经济节奏。早上，他们大多只吃一点月牙面包、喝一些咖啡、牛奶就够了。一些人甚至只来一两个水果、一杯咖啡。到了中午，他们多是在外吃快餐，如三明治、水果、咖啡等。只有到了晚上，一家人才在回家中，好好地吃一顿晚饭。

其主食有牛肉、鱼、鸡，并配上胡萝卜、土豆、豆角等。生菜、西红柿、芹菜等，大多都是他们生吃的，此外，沙丁鱼和野味也颇受他们的喜欢。

**在饮料方面，与欧洲人相比，他们喝的酒不多。**朋友相聚时，往往至多一人一杯，助助兴而已。在其北部，常常会一人来一杯威士忌，因为那里天冷，可以以酒暖暖身体。作为女士，你完全可以滴酒不沾，主人往往会为你准备好适合于女士口味的香槟、软饮料和矿泉水。

在那里，你还可以尝到种类丰富的法国菜，如牛排、浓汁豌豆汤等，其味道十分正宗。加拿大的魁北克省是有名的饮食圣地，有所谓在加拿大时"吃在魁北克省"之说。那里的法国菜，连法国人也交口称赞呢。在蒙特利尔，你往往还会惊奇地发现许多中国菜馆。

在加拿大时，你应该注意到他们以下的一些禁忌。与加拿大人进餐，你可千万不能谈那些令人伤心的事，同时也不要像在美国时那样涉及到死亡、性等方面的话题，那将是令人讨厌的。你如果去别人家里，无论相聚的气氛多么轻松、热烈,你也不要一时得意忘形地吹起口哨来,更不要为了好玩,开死神的玩笑,或讲起车祸等事故。

**在加拿大,英裔多信奉基督教,而法裔则多信奉天主教,双方由此而形成各自与宗教有关的一些禁忌。**当然他们的一些禁忌也是一样的:在与圣人、圣事相关联时,注意不要直呼其名,而应采用敬称。

平时,在有加拿大人在场时,你应当尽可能避免从梯子下走,也不要在请人吃饭时把盐给撒了。注意不要打破玻璃,否则会被视为不吉利。

在加拿大,如果你留意一下其国徽,那你就会发现它的独特之处:那是一个典型的"英法合作品"。它上面一半是英国的标志,另一半则是法国的老式国徽。它说明:英法后裔是加拿大人的主体。此外,目前在加拿大也存在着语言上的法语区和英语区。其中,英语区大一些。全国约有三分之二的人讲英语,讲法语的人则大约有四分之一。加拿大政府一直实行"双语制",将英语、法语都视为其官方语言,因而你在加拿大,语言选择上比较灵活,只会其中一种通常都可以了。

到了那里，谈话时不要讨论英法两种文化的基本差异，不要非议当地土著的印第安人。

**加拿大人的卫生习惯很好。**在那里，你会发觉几乎所有的公共场所都非常干净。在影院、剧场里，根本没有人会很粗鲁地随地吐痰。由于卫生设备良好，加拿大人的家也非常清洁。这种清洁习惯也体现在他们的日常起居、穿着上。在早上起来后，他们通常会收拾得得体而清爽后再去上班。他们认为：这也是对别人的一种起码的尊重。

第 30 篇
**在巴西的你**

大家好，在这一篇中，我将介绍一下在巴西时所需要注意的风俗习惯与礼仪规范的要点。

作为南美第一大国，巴西是有其独特魅力的：亚马逊河奔腾壮观的风光，亚马逊平原上神奇的热带雨林景观，还有形态怪异的纺锤树，热情奔放的桑巴舞，以及那深入人心的巴西足球，都会给你留下十分深刻的印象。去巴西时，你一定能够感受到纯正的南美风情。

在巴西这个由巴西人、印第安人和外来移民组成的国家里，多年以来，人们在生活、习俗方面，早已形成了自己独特的风俗习惯。

**你可能想不到，在巴西，年轻人要结婚，先得提出申请。**然后由专门的部门进行三个星期的婚前培训，结业考试合格者才能正式登记结婚。不合格者，还得再学再考。所以你要是爱上了一个巴西人，首先得有思想准备。在那里，爱是自由的，"婚"却由不得你自由了。

巴西人在其具体的称呼上没有太多的特别之处，基本上都是称别人为先生、夫人、太太、小姐、少爷，或者称对方的职称、学术头衔、行政职务，等等。与你的朋友、同事之间，则可互称其姓名，只要你与对方熟悉即可。

**平时，巴西人主要讲葡萄牙语。**至于巴西人的姓名，一般都由三部分组成：名字、父姓、母姓。

女子在结婚后，通常要去掉其母姓，而换上其丈夫的父姓。在称对方姓名时，你可要适当留意一下。

如果巴西人送礼给你，那你在真诚地致以谢意后，应像在大多数欧美国家那样，当面打开它的包装，以示尊重送礼者，并表示你喜欢对方所送之礼，然后才收起。你这样的举动，一定会让送礼者十分高兴。

如果你要是送给别人礼品，当你在礼品店里买礼物时，一定不要忘了将原包装纸剪掉一点，使其残缺。这是为什么呢？原来在巴西人看来，包装纸是管运气的。在送礼时将包装纸剪下一点则意味着，你将运气留下了一些。巴西人心地很实在，他们认为：大家应共享幸福。人家可不会那样的自私：受了你的礼，却使你的运气全无而有灾，因而你还是自己留下一点运气吧。这就是所谓的巴西人送礼时不会"全心全意"的说法的具体原由。

还有一点，中国古代有许多所谓"遗帕惹相思"的爱情传奇故事。然而在巴西，你可一定要小心：送礼时，最好不要送手帕之类的东西。巴西人似乎有这样的看法：手帕是引人"吵架"的东西，有一些不吉利。而巴西人在世界上是以其家庭和谐、幸福而闻名的，因而你若将我国那种有刺绣的丝制精美手帕当成一件小工艺品送给对方，一般说来肯定是不会得到"好结果"的。

在那时，你有可能会遇到两种情况：一是令对方生气，拒不接受而让你尴尬；二是有所转机，因为巴西人实在是很宽宏大量的，不知者不怪。他们会掏出钱来，把手帕的钱付给你，这样就表示是他买的，从而避开了所谓的不吉利。此时你一定要收下他的钱，千万别"慷慨"地一挥手，不要别人的钱。无论哪种情况，总之，你最好还是不要送手帕罢了。

**在巴西，你在条件允许的情况下，可以尽量多注意一下自己的服饰。** 巴西人是比较讲究穿戴的，尤其是在城市里。里约热内卢的城市居民，就以其服饰高雅而名闻于世。在那里，你的确会有这样的感觉：太太、小姐们真是漂亮，倒不一定是他们天生丽质，而是因为他们会打扮。

在巴西，你要是遇上正式场合，无论男女，多是一身很考究的西服。所以在去巴西之前，你最好能备一两套好一些的西服，到时肯定会用得着。在里约热内卢，你会惊讶地发现，这里的衣服卖得很贵。难怪有人会说："巴西人爱摆阔。"

平时，你完全可以穿得随便点。巴西人在天热时爱穿短袖衬衫、长裤。春、秋时节则喜欢穿夹克衫、蓝色的牛仔服。再冷一些时，他们往往加一件最具南美服饰味道的"彭丘"（类似我们的披风）。而你在国内的便装则完全可以照穿到巴西去。

说到巴西人的服饰，当地还有一些趣闻。在巴西的一些地区，妇女们常戴着一顶漂亮的帽子，她们还有自己的颇为有趣的帽语：帽子偏右戴，表示自己已婚；偏左戴，则表示自己尚无心上人，小伙子你若有情,不妨来"追"我。如果你见到这个地区的某位妇女将帽子沿向前低低拉下,那就表明,"烦着呢,别理我"。此时你要是前去搭话,小心别人说你居心不良。

**巴西有一道闻名世界的名菜:"丘拉斯科"烤肉。**在巴西,因为大家常吃烤肉,所以主妇们大多是烤肉的行家里手。巴西人爱吃的东西较多,玉米、大米、牛肉、猪肉和海味等等,这些都是其餐桌上常见的。

在巴西北部,由于常年天气潮湿、闷热,人们还特别喜欢吃辣椒,据说这与我国重庆地区的人爱吃又辣又烫的火锅是同一个道理——以此来排汗、驱湿。你若是精于调制火锅,那不妨在合适的时候向当地人"露一手"。

**巴西人非常爱喝酒,平时他们还爱喝茶。**只不过他们常饮的是马黛茶和奇马龙茶。其中马黛茶是很有特色的:茶会装在一个葫芦形的瓢筒里,上面有其民族图案、风景等。饮茶时,主人会给你一支略扁的带孔的银制吸管,以便"吸茶",它的风味是很好的。

你也许对巴西狂欢节向往已久。在巴西,每年2月中下旬,便是人们狂欢的日子。巴西狂欢节由来已久,而在举国狂欢之时,巴西各地又以不同的方式来欢度这一民族的盛大节日。

例如,在圣保罗,人们在狂欢节时全涌向城内的桑巴舞厅,在那里跳舞狂欢。而在里约热内卢,一到狂欢节,人们就会倾城而出,聚集到大街上,广场上去游行、狂欢。

人们在狂欢节期间,通常都要举行化妆舞会、化妆游行。大家那时会不知疲倦地跳桑巴舞,常常通宵达旦,日复一日。

所谓桑巴舞,其实是一种从非洲传过来的黑人舞蹈。它在巴西得到人们的特殊喜爱。巴西人又将其发挥、创造,激烈而让人眼花缭乱的扭胯动作，使其更具奔放、热烈的南美韵味。人们说："没有桑巴舞，就没有狂欢节。"由此可见，桑巴舞在巴西人心目中的重要地位。

在巴西的时候，你要注意他们那里的人在生活习俗中的种种禁忌。一般而言，在欧美绝大多数国家里适宜做的事、适宜说的话，在巴西都是以少做、少说为妙。

**像在美国特别时兴的"OK"手势，你在巴西可不要乱用。**你可知道：这一令美国人非常开心的手势，在巴西人看来则是非常下流的。

在那里，你若要向别人表示"好"、"行"的意思，往往可以用这样的动作：紧握拳头，冲着空中伸出拇指。还有，没事时，不要习惯地以拳头支在下巴下面，那在当地是表示你自己脑子有问题的典型动作。

**在巴西，人们对8月13日这一天特别注意。**在他们的传统中，这是大幸、大灾的一天，关键看你当天的作为了。如果你要想在这一天求得好运，那最好按以下程序行事：

早晨起来后，应先将右脚踩地。站住后，你应在最近的木头上敲三下。这一天，一般是不洗头、不洗澡的。而且，如果你要想请巴西人的客，那一定不要订在 8 月 13 日。对方不但不会给你面子，反而会生你的气，因为在这一天大吃大喝，往往会在以后交坏运气。

在巴西，人们在色彩上也很有一些讲究。例如，紫色表示忧伤，黄色表示绝望。二者要是合在一起了，那可就是不折不扣的恶兆。

此外，人们认为：暗茶色表示自己将有不幸，棕色和绛紫色则是凶丧的颜色，据说这与落叶是棕黄色有关。在巴西，这些具体的讲究你当然应该了解得非常清楚才好。

第 31 篇

# 在英国的你

大家好！在这一篇里，我将介绍你在英国时所需要了解的风俗习惯与礼仪规范的基本要点。

东望欧洲大陆，英伦三岛仿佛是缀在大西洋上的三颗灿烂的宝石，以其所特有的魅力，引起世人的关注。英国的绅士、淑女之风更是天下闻名。

**在英国人的气质中，有所谓的绅士风度**。其大意，是指他们彬彬有礼、傲气自负。在英国，你必须对此有充分的思想准备，碰到这样的情况大可不必过于计较。英国人就是那样，只要你礼尚往来，一般会为他们所接受的。绅士风度，往往是绝大多数英国人在其日常生活中所极力崇尚的。在英国，所谓有"绅士风度"的人，首先就是其言谈举止彬彬有礼。平时，英国人处处以"讲礼貌"作为文明人的基本标准，而认为那些失礼者是缺乏教养的粗俗之人。

**在平常与英国人的交往中，你应不厌其烦地多使用敬语**。"请"、"谢谢"、"对不起"等，这些敬语应当经常挂在你的嘴边。你说话时尽量委婉、客气一些，对英国人有所求时，一定要极其郑重地表示请求和感谢。

平时，英国人的谈话喜欢从天气聊起，而且每日必谈天气。因此，在英国，你最好经常留意一下天气情况。另外，他们还非常爱谈论新闻。英国人比较忌讳在其与人谈起某一个问题时，对方的反应冷淡。不过对一些私人问题，你最好不要随便去打听，否则英国人可不会给你好脸色看。

同英国人谈话，除万不得已坐在一起外，如在地铁、火车上等等，通常情况下你最好不要与他们之间的距离过近，双方相距1米多往往才是正常的。在大庭广众之下，你要是凑上去和英国人来一句耳语，对方肯定会不理你。

与此同时，你不要一谈得高兴自己就随便起来了。在那里，切忌两膝大张，尤其不要来一个"二郎腿"。如果你们是站着谈话，那你背着手或将手插在口袋里，都是英国人不喜欢的。

**谈话时，你还应当特别注意自己的声音不要太高，让谈话者能够听清就行了。**你的具体语速，也不要太快。在你听对方谈话时，不要一副过于专注的神情，不要紧盯着对方，尤其不要长时间盯着对方的眼睛，以免被视为没有涵养和不尊重对方。

如果谈话双方有一些意见难以取得一致，你一定不要试图努力说服对方，更不要以提高嗓门来助自己的威。否则遇上固执一点的英国人，往往会不屑一顾地看你几眼，然后不声不响地"晾"你在那儿。

英国人比较保守，他们有不同的意见也不愿意表达出来，总是会尽力维持起码的礼节。你一定不要得礼不让人，不要穷追不舍。当他们遇到讨厌的人和事时，一般来说还是会给对方留点面子，但他心中自有看法。

**在英国，你必须学会"沉默"。**在公共场合，英国人特别不喜欢交头接耳。如果你外出时需要坐地铁或火车，最好能随身带一本书或一份报纸。在那里，只要人稍少一些，人们多是低头读书看报。邻座之间也不会交谈，一般只是彬彬有礼地点点头。

你如果想同别人交谈，最好先看准机会。如果对方正在专心看书，你还是少去打扰吧。即使交谈，对同路之人和初次见面者，你也不宜谈得太多、太深、太亲热，其具体的话题也应当仅限于问好、天气、风光、趣闻之类的内容。

在伦敦，公共汽车一直是那种旧式的双层车，速度极慢，车身又小。而人们大多住在郊区，上班却在城里。但即使在上下班的高峰期，在交通拥挤的情况下，英国人也是尽可能地遵守秩序，往往挤而不乱。而且他们都有一副能忍耐的好脾气，无论多挤，无论车晚点多少，无论队排得多长，他们都不紧不慢、不急不恼、斯斯文文。

**在英国，即使在日常生活中，你也一定要经常保持自己仪表的整洁。**无论年轻还是年长，英国人比较讨厌留胡须。因此，男士们天天要刮脸，衣服应当保持清洁而整齐，衬衫和领带则应当尽可能地天天进行更换。去参加宴会，或出席较正式的场合时，你应当尽可能穿得正规一些。如果你应邀去赴晚餐，最好先弄清楚，你是否需要换上一件晚礼服。

**在英国，你最好平时少佩戴带有条纹图案的领带。**因为英国人的传统比较多，有许多贵族封号和家族徽记。某种条纹，往往会让人想起以前的军团，而且它还极有可能同某一个家族的图案相近。这在讲究传统的英国人看来，肯定是一件很不好的事。

**在平日里，还有一些图案应当少在英国使用。**英国人忌以头像作广告图案，他们通常对这样的商品没有好感。对大象和孔雀这两种动物，他们也极其不喜欢。因为在英国人的观念中，大象是蠢笨的象征；而孔雀却是一种淫鸟，往往会带来不幸和灾祸。英国人通常都拥有一种非常传统的自负和轻慢。当他们夸赞什么人和事时，言其非常之好时，往往会来一句"它多么像英国的啊！"如果不是什么原则性的问题，你大可不必对此在意，这只不过是他们的一种习惯的表达方式。

实际上，英国人非常有幽默感，并且以拥有这种含蓄的幽默为一种绅士所必需的修养。对此，他们往往颇为自豪。所以，如果你对一个英国人非常不满，你不必骂他，而只需要当着别人的面说他"没有幽默感"就足够了。他那时多半会气急败坏地不理你。因此，这种说法不到万不得已时最好不用，因为它肯定是要得罪人的。

**一般来说，英国人比较守旧**。在伦敦，那些百年老店一直保持其贯有的风格和陈列，并且往往极受英国人的信赖。对名胜古迹，家里几代相传的旧式家具等等，英国人都引以为豪。你应当对这些适时地表示赞赏，那样的话，英国人就会认为你非常尊重其传统美德。

在英国，你应当时时注意"淑女"之风和"女士优先"的原则。女士进教堂时，通常不必像绅士那样脱帽，还可以戴上面纱。在公共场合，男士有义务为一切女士效劳，帮其开门、让路、让座、拿外套等。

在公园里看到青年男女紧紧拥抱、亲吻时，英国人并不以为怪。你要是问他们，他们会说：那是别人的私事，你无权干涉。而且，他们还会略带责备地说："你也有过年轻的时候嘛！"

**英国人平时非常爱喝茶**。直到今天近300多年间，英国一直是世界最大茶叶进口国。目前，它仍然被称为"饮茶王国"。他们尤其爱喝红茶。现在，他们所消费的茶叶大多来自非洲和印度。但在英国，对于茶原产于中国这一事实，几乎是妇孺皆知。所以，你与他们谈起茶文化，英国人对你往往会很有好感，并会表示自己对中国的喜欢。

**在英国，饮茶早已成为其社交礼仪的一个重要部分**。甚至可以说，不喝茶，你就不会明白英国人的茶文化，而且你将很难与英国人建立起较深的私人关系。在英国，无论在家还是上班，大家都习惯于喝"下午茶"。公司、机关每到下午四点半,往往就会免费供应红茶、方糖、牛奶和一些小点心,以供其职员们休息和聊天时享用。

在饮茶时,你应注意他们的一些非常奇怪习惯。你一定要先倒一点冷牛奶在茶杯里,然后再冲热茶、加糖。你可别小看这一习俗。你若先倒茶、后加牛奶,那在英国人眼里,则又属于没有教养的典型了。

有时,英国人会请你去喝"下午茶"。这在他们看来,是仅次于正式宴会的一种社交方式。而且,以茶会友时,三五知己品茗聊天、读书看报,在英国人眼中,是最有绅士风度和最具情韵的生活方式啦。

**英国人的社交活动比较多**。在一些场合里,你往往可以"表示表示",送一些小礼物。不过,英国人的礼通常是不太好送的。对于上班族而言,你送上一件带有你自己公司标志的礼品,一定会令他十分不喜欢。平时你可以送鲜花、名酒、小工艺品、巧克力等;但一般不要送香皂、香水等生活用品。如果对方是女士,心型图案的礼品、深红的玫瑰等别有含义的东西,一定要慎送。以免造成误解,或引起不必要的麻烦。

**英国人从其传统上来说是轻礼的**。他们认为:过于好礼的人,往往有受贿赂之嫌。因而,你在给英国人送礼时,最好不要当着太多人的面进行。那样对方很可能会极其勉强地收下,而且其心中往往还会不快。其实,你完全可以单独在晚上送,在餐后送,在看完戏之后送。

此外,英国人一般也不当众打开礼品包装。他们认为:这种美国式的做法太不含蓄,是毫无风度的表现。所以,如果英国人送给你礼物,你只要很真诚地表达自己的谢意就可以了。随后你要细心地收好礼品，回去以后再打开它。

与此同时，你最好不同其他人谈起你收礼的具体情况。它与婚姻、收入、信仰、政治观点等问题一样，都属个人隐私，是不宜多去涉及的。

**英国人的饮食风格比较清淡。**在英国，请人吃饭，在甜点、冷菜、主菜上不宜太多，或者量太大。主要讲究的是少而精，并力求在其具体的花样上多一点变化。

**平时，英国人非常喜欢清淡少油的菜。**他们通常不吃辣味，却偏爱喝汤，爱吃土豆、炸鱼。在进餐前，他们往往来一小杯苏打水加威士忌、红白葡萄酒等开胃。在祝酒时，他们往往爱说："为健康干杯"、"为友谊干杯"，或只说一句"干杯！"。

在冬天，英伦三岛天气寒冷。这时你要是宴请英国人，以一杯苏格兰威士忌配猪肉、浓汤，再加上一些水蒸布丁、奶油蛋糕，那一定会令其胃口大开、赞不绝口。

在英国，比较传统的人仍忌讳"13"这个数字；不过许多人已对此不太在乎了。但在英国时，你在不知情的情况下，最好还是避开"13"这个数字，尤其不要在既是13号又是星期五这样的日子去办事、访友、贺喜。

日常生活中，你可以以一些手势来表达自己的情绪，但一定要先弄清其真实的含义。例如，我们所熟悉的由邱吉尔首先使用的"V"型手势，其意为胜利。你会发现，英国人在观看球赛时常用这种手势。但你应当注意，做出此种手势时，应该手心向外。如果手心向内了，那意思可就完全相反：它所表示的是伤风败俗的骂人之意了。

第 32 篇

**在法国的你**

大家好！在这一篇里，我将介绍你在法国时所需要注意的风俗习惯与礼仪规范的基本之点。

法国是一个多民族国家，其中法兰西民族占了83%。他们在历史上担任过欧洲文明发展中的重要传播者的角色，同时也形成了基本上一致的法兰西民族特色。

**法国人早就以爱好交际，和在社交中开创了无数先河而著称于世。**所以，如果你能在法国轻松自如地交际和生活，那你的礼仪修养则必然具有相当高的水平了。

**在法国，人们的称呼也是名在前姓在后的。**法国人的姓特别多。在一般情况下，女子出嫁后，多随夫姓。不过，如果其本身是著名演员、作家等名人，那种女士则必须维持其本姓以显示自己的独立性。

对法国人，在称呼和书写时，往往只用其本名（叫名）或其姓。平时多称"先生"、"夫人"、"小姐"。有职务、学衔、学位者，则注意在其名后加上这些，以示尊重对方。与人初见时，你最好只称其姓。只有当你们是熟人时，才可以互称名字。

**平时，法国人颇为讲究"女士优先"的规则，这具体体现在其称呼上。**对于女士，你可一律称之为"夫人"和"女士"；对于老年妇女，你绝不能直呼其为"老太太"。当然，你称女士为"小姐"，总是会讨人欢心的。那说明她还颇为年轻、有魅力，这是法国女子最看重的了。

无论走路、入室、开门、入座,你都需要让妇女先行。帮女士提行李,往往是男士责无旁贷的。

你如果去法国人家做客,问好、告别时都要先"偏向着"女主人。你在法国这么做,男主人只会高兴,而不可能"吃醋"。

进餐时,通常由男子定座、招呼侍者。上菜、敬酒,也都是女先、男后。买单时,男士们则必须要主动前去。

当然,现在的年轻一代已不是很在乎这一点了。某些"女权主义者"甚至以此作为女性地位太低的一个明证,来对此加以批判。所以,在法国尽管你要注意"女士优先",但如果明知对方是"女权主义者",那就不必对她太客气。

**法国人非常重视交际,由此也颇为讲究礼节。** 与法国人交往,他们那种潇洒的风度和彬彬有礼的举动,一定会让你感到赏心悦目。

在日常生活中,"请"、"谢谢"、"您好"、"再见"等礼貌用语已成了法国人的口头语。见面时,法国人爱与别人亲面颊或贴面颊。通常是长辈亲晚辈的额头,而爱人、情侣就是热烈的亲吻了。

在法国,各行业的服务员都比较注意笑脸相迎、平等而周到地提供服务,你在那里可以充分体会到做"上帝"的感觉。那些略带职业性但的确让人感到亲切的话语,总会在你的耳边流淌。

在法国,人们上楼、进门、进餐、落座,总是人未行动,"请"字首先出口。在公共场合,人们非常遵守秩序。上汽车、坐地铁、乘飞机,大家都会安静地排队，很少有人在公共场所大声喧哗。

在其他方面，你可以参照西方各国所通行的礼节，如进屋脱帽、服装整洁、坐立端正等。介绍两人相识时，也是女士为尊、长者为尊、高职位者为尊。有时，对方忽然忘了你的名字，你应赶紧自我补充，切不可说："怎么，你不记得我了吗？"那将让别人很没有面子。

人们对巴黎冠以"花都"的美名，不仅是因为其繁花似锦，而且法国人也的确非常爱花。在法国，无论生日、宴会、婚礼，还是去探视病人、做客，你都可以以花为礼，尽表寸心。

当然，你应当对各种鲜花的含义和象征有比较充分的了解。花，只有送得恰当，才会令对方喜欢；否则送了还不如不送。一般而言，在那里，玫瑰、郁金香表示爱情；百合象征安全和信赖；丁香表示纯洁和爱恋；金鱼草表自信；石竹表幻想；牡丹表害羞；等等。对此要眼明心细，切勿混淆。

茶花则随其色彩不同，而含义各异：白茶花表示"您轻视我的爱情"；红茶花是赞扬女士的"国色天香"；玫瑰色茶花则表示得到爱情的狂喜之情。当然，其国花——鸢尾花，是适合绝大多数场合的。但你最好不要送菊花给法国人，因为在该国它仅仅适用于表示对死者的哀悼。

对于女士而言，你最需要注意的是慎送玫瑰花，尤其是慎送双数，因为那是表示爱的信息。搞得不好，对方会以为你这人太不正经。

与法国人初次见面时，你通常不需准备什么见面礼，等到你们第二次见面时再送也不迟。此外，你还应当注意其禁忌，在法国，孔雀和核桃都是人们平时所忌讳的东西，所以此类图案也就避免送之于他人。

在法国，"住"是一个较大的问题。你要找比较宽敞、舒适的地方，往往又费事又费钱。在巴黎，大街小巷各种各样的窗子都配上了别致的窗帘,你也应养成挂窗帘的习惯,用法国人的话说,就是"将美置于窗前"。

如果说巴黎人是世界性的"国际模特",一点都不过分,他们在穿戴上花样百出。目前,极其讲究和奢华的法国人,终于使巴黎成为世界上首屈一指的世界"时装之都"。很多高级时装都是出自于法国,例如,迪奥、香奈尔等。其服饰潮流时刻翻新,年年不同。现在,服装与文化、与健美,甚至与保健等都挂上了钩。

不过,近年来,人们的着装观念开始趋于简朴、大方而舒适。球衣、牛仔裤等成为大多数人的便装。即使穿西服,在一般情况下,人们也很少成套地穿,领带也常常是能不戴就不戴。但在正式场合,政府官员、企业家和出席者都还是会在自己的装束上刻意讲究一番,以示庄重的。

过去,女士们最怕冬天,因为无论天多冷,女士都应着裙装以示庄重,极少有人会穿长裤。而现在,年轻的女士们则大多喜欢长裤、平跟鞋,有时甚连袜子也懒得穿。

**要是说"吃在法国"**,肯定一点都不夸大其辞。面包是那里的主食,其中可以加入许多富于营养的特别配方。在巴黎,几片面包加上一杯牛奶或牛奶红茶,就是一顿早点。

法国菜肴以其美味可口、品种丰富、选料广泛而名声极响，并为法国赢得了"世界三大烹调王国之一"的美誉。法国菜选料鲜，人们爱吃肥浓、鲜嫩而略生的菜。比如牛肉仅七八成熟，水鸭才三四成熟，至于牡蛎，则干脆生吃。吃的时候，自己再加一些大蒜、丁香、芹菜、胡萝卜等配色、调味，那就尽善尽美了。

法国人还特别喜欢吃一些极具营养价值的菜，例如，蜗牛、青蛙腿、昆虫、鹅肝等。这些都是在其他国家难得见到的美味佳肴。法国人的家常菜是炸牛排加土豆，而对于无鳞无鳍的鱼、鱼翅、辣椒等等，他们则没有什么兴趣。

**在法国进餐时，你必须适当注意一下自己在餐桌上的举止。**进餐时，你可以将自己的双手放在桌面上，但注意不要将双肘搭上来。进餐中，刀叉应一半放在碟中，一半放在桌布上。此外，你盘中的菜一定不能剩余下来。否则，主人和厨师都会很不高兴。你无论对某一菜多么喜欢，也不要夸张地撕面包皮去蘸盘子里的菜汁，那样则是一种颇为粗俗的举动。

如果你对于"洋酒"略知一二，那你就会发现，在法国，你无异于处于名酒、好酒的天堂。法国人只要是进餐，那就必然会有酒。他们喝起酒来，就像英国人对于茶的那种偏爱，不分昼夜，想起来就喝。酒，在那里只不过是一种普通饮料。因此在法国，你若是在酒桌上不胜酒力，那最好将杯中酒一饮而尽，这样主人就不会再给你加了。要是你总喝不完，主人就总会流水般不断地给你添加，让你喝得败下阵来。

法国人爱喝酒，也有许多讲究：你如果应邀出席宴会，那多半会是先上来一点威士忌、罗姆、利口酒等高度数的甜酒。在进餐时，则一定要喝葡萄酒。烈性酒通常是不上餐桌的，人们只是会在饭后来一点白兰地，以助消化。

进餐中,葡萄酒也是有讲究的,即视菜的具体品种而定:吃海鲜时,要配玫瑰红或白葡萄酒;吃肉、禽、蛋时,则要配红葡萄酒。如有节日和喜庆,往往还会来一瓶喷洒着泡沫的香槟酒以助兴。

法国多产名酒。波尔多地区的红酒,香槟地区的香槟,干邑地区的白兰地,早已是名闻全球。对于"拿破仑"、"马爹利"、"轩尼诗"、"人头马"等法国白兰地名牌,你一定非常地熟悉呢。

**此外,法国人也很爱喝啤酒和汽水,他们还特别喜欢饮用矿泉水。**

平时,法国人喜欢以独特的蒸馏方式做出风味独特的咖啡。巴黎的咖啡馆举世闻名,有机会你不妨亲身体验一番。

法国人往往自古以来就有一种自豪感,这一点最明显地体现在他们对于英语的态度上。其实英法两国一直联系最多,在法国绝大多数人都会说英语。可是,你若是在巴黎街头用英语问路,法国人十有八九会故意装作听不懂而将你晾在那里。所以,在法国,有关"扬英抑法"、"美国强大"等等的话题,你最好少谈。

第 33 篇
**在德国的你**

大家好！在这一篇中，我将介绍一下你在德国时所需要注意的风俗习惯与礼仪规范的要点。

德国地处西欧，是一个经济强国，目前它在欧盟甚至于整个世界上，都越来越多地充当着重要角色。

**历史上，德国以圣哲如云、思潮繁荣而著称于世**。这种历史传统，也形成了今日德国人的个性：他们喜欢思考，不尚浮华和虚夸；崇尚才学，追求知识。在德国，最有地位和最受人尊重的并不是最富有、最有权势的人，而是最具有智慧、才学颇好的学者型人物。

**日常生活中，德国人在其称呼上就颇有一些讲究**。在德国，如果你要同对方会面，那最好先打听清楚其职称和学术方面的头衔，你在称呼对方时，一定要带上其头衔，如"博士"、"律师"、"教授"、"医生"等等，而且要不厌其烦地称呼，对方必定会很高兴。

你在称呼对方时还要注意：应当习惯于用"您"，而尽量少用"你"，尤其是初次见面时。即使是在德国的公司里上班，同事之间也多称"您"。在一般情况下，对方如果改口称"你"，那说明对方已经把你当成亲密的朋友了。那时，你可别以为人家不尊重你呢。

对于女士，在德国是最好称呼的。你全可不必低头去看她的戒指或"以貌定称呼"，只要一律称其"夫人"就行了。明知对方未婚，你也不妨"虚伪"一点，仍称其为"夫人"。她不仅不会芳颜大变，却往往会报以动人的微笑。与英美人不同，德国人认为：女性最大的优势是成熟而不是年轻，因此，一个年轻姑娘被人称为"夫人"，就是对她富有魅力的最大肯定。

**德国人非常朴实的特点，往往也体现在他们的着装上**。在平时，男士多穿西服和夹克。女士一般是穿较淡雅的裙子，年长者则穿长裙、翻领衫。天冷时，人们多是穿上长裤。女士在德国最好不要浓妆艳抹，而应以淡妆为主。

**平日里，在德国你可以根据发型判断女士的婚姻状况**。那里的少女们多是梳披肩发或短发，而已婚者则基本上烫发。

在德国，南方人的服饰比较艳丽一些，北方人则多穿深色、款式优雅的服装。

你在平时里，自然可以穿得"丰富"、随便一些。不过在正式场合，男士就要穿正式的西服，女士则要穿裙式服装。而且需要选择深色的服装，以示庄重、优雅。

在德国，交往的人多了，你就会注意到：他们也像中国人一样有一些大姓。德国传统上有三大姓:"舒尔茨"、"穆勒"和"施密特"。此外,你如果见到一些人的名字与姓之间有一个"冯",那就表明他是出身于贵族。在中国,有些人爱给女儿取个男孩的名字,可在德国这样做却是违法的。

**德国人主要是德意志民族,此外也有相当一部分犹太人。**如果你确知对方信仰犹太教,那么在与他接触时应注意:周六是犹太教的"主日",虽然犹太人是世界上最能做生意的人,但在"主日"这一天,你最好不要与他们谈生意上的事。有关钱、火、机器等话题都是应尽力避免的,否则很可能会引得对方不高兴。

与德国人谈话,你绝对不要涉及到对方的年龄、职业选择、婚姻状况、宗教信仰、个人收入、政治倾向等问题。尤其是对于女性,这些问题则更是"禁区"。此外,看到别人买的东西,你最好也不要去问其具体的价格。

如果你遇到别人生病,可以适当地去表示一下你的关心。不过,除感冒、外伤等病情外,你最好不要过分关切地去询问其具体的病因和病情,否则会被认为是想窥探别人的秘密和隐私。此时,你只要送去一束花,那就胜过千言万语了。

**生活中,德国人有一些独特的手势和举止。**例如,当着别人的面,即使你感到有点累,也不要习惯性地用食指敲自己的额头。这个动作,在德国是表示一个人的思想行为有些异常。

**在德国,如果你对一件事持否定态度,那最好不快不慢地摇头。**若头摇得太快,人家会被认为是你不耐烦。若头摇得过于缓慢,则表示你还处在犹豫之中,别人只得等你慢慢作决定呢。

与德国人交往多了,有时他们会热情地邀请你一道外出旅游。

在德国，"上班族"每年都有至少三周的法定带薪假期，大多数人还可以有五到六周的假期。此刻，是德国人外出观光的最好时间。他们往往一家人或三五好友相约，同去北方海边或南部山区旅游度假。德国人的旅游方式不是走马观花，而多"定居"下来，细细地做些研究。

由于德国是欧盟的成员国，也是"申根条约国家"，因此你可以借机从德国去欧洲的许多国家"自由活动"一番。

**德国人非常喜爱体育运动。在那里，老老少少都可以为足球而疯狂。**上至总理，下至平民百姓，在重大比赛举行时，你最好不要去找他们办事。而且，随着你与德国人交往的密切，他们常会热情地邀请你同去运动或同观球赛。如有那样的机会，你最好能够前去。在游玩中，自然可使你更好地走进德国人的圈子里去。

德国人的生活水平较高，1990年德国统一之时，东部地区的人民生活水平相对要差一些，但经过十几年的发展，现在德国东部地区的人民生活水平已经有了很大的改善。在德国，中等家庭基本上都拥有汽车、私人住宅等。初到德国，你花在住和行方面的费用必须好好计划。

**德国可以说是一个"啤酒之国"。**关于这一点，你在那里会有最切身的感受。在德国，男女老少都爱喝啤酒，因此你最好能喜欢上它。不过，德国人爱喝酒，却并不贪杯，亲朋好友相聚时他们主要以啤酒来助兴。而且，名牌啤酒在德国也是价格很高的，一般人大多喝不起。

无论柏林、波恩，还是汉堡、法兰克福，大大小小、千奇百怪、各具风格的啤酒馆、啤酒屋遍布大街小巷，成为德国各城市的独特街景。其中最为有名的，当然要算是"啤酒之都"的南德名城——

慕尼黑了。该城人均年消费啤酒多达230升，这是当之无愧的"世界啤酒冠军"。每年9月18日到10月3日，是慕尼黑举办盛大啤酒节的日子。"慕尼黑啤酒节"源于1810年。当时的慕尼黑为庆贺巴伐利亚储君卢德亲王与萨克森·希尔登豪森的黛丽丝公主结婚，而狂欢了16天，后来它成为了一个传统，并演变成了今天享誉全世界的"慕尼黑啤酒节"。如果到时你在那里，千万别错过了慕尼黑万人同饮的壮观场面。

**在德国，你往往会不太适应其一日三餐。**他们一般以午餐为正餐，早餐、晚餐都较为简单。所以如果别人请你去吃饭，一般都是在中午。德国人在吃方面讲求实惠而不慕浮华。他们最爱吃黑面包。而且他们还是最早发明了自助餐的国家。

**德国人的晚餐比较奇特，大多是吃冷食。**而且要灭掉灯，点上两支蜡烛，在暗暗的烛光下，喝着啤酒，随便地聊天，并吃一些东西。只有一些富人，为显示与人不同，喜欢来点新意，非要晚餐也上热菜。所以在德国，说一个人经济收入不错时，往往会来一句别国人听不懂

的话："某某家三顿都吃热饭。"

**德国人以肉食为主，正餐尤爱炖、煮的肉食**。他们比较喜欢猪肉、牛肉、鸡鸭和野味等，还爱吃土豆。猪肘子、香肠，都是德国的名菜。其一般的口味偏酸、甜，不喜欢吃过于油腻、辛辣的菜。

**在德国，许多女士喜欢抽烟**。但德国人的公德心非常好，在剧场里人们从不吸烟。在其他公共场合，只要没有烟灰缸，人们也不吸烟。所以，虽然在德国烟民不少，但大街上很少会有烟头之类。

**与德国人进行交往，你要是想去对方家里，一定要提前约好**。如果到时突然闯进去，德国人会视你为"不速之客"，对你可没什么好感。

在中国，在朋友生日之前，祝贺一下，一定会令对方高兴。可在德国，你会发现，那样往往会适得其反，因为按德国习俗，生日是不能提前祝贺的。

当然，如果赶上德国人请你去赴宴或参加他们的聚会、生日、婚礼庆典等，你一定要准备一些礼物。具有中国特色的礼品，都是可以送的。不过，德国人收、送礼品时，大多不太注意其价格，他们往往将很普通的东西当成礼品来送人，而且必定包装得尽善尽美。

**在德国，有时礼品是必定要送的，但人们重在其情义而不是其价格**。有人说德国人小器，而且爱玩"虚"的。其实，在德国有明文规定：送礼和接受礼品，其价格超过一定数额，都必须主动纳税。明白了这一点，你在德国遇上该送礼的时候，就不必煞费苦心地去想该送什么了。而你如果收到别人的礼品，也不必觉得欠人情。

**在德国，你还应当注意日常的各种禁忌**。首先，你应十分小心色彩和图案花纹等。众所周知，德国历史上的纳粹给人们造成的心灵创伤太大了，加之后来又有所谓的"新纳粹"极右分子大搞恐怖活动。

因而在色彩上，德国人对茶色和黑色是相当反感的，红、黑两色相间的搭配也尽量要少用。在服饰上，如果你不注意，穿上深蓝色衬衫，系一条红色领带出现在公共场合，那可别怪人家对你不客气，因为这是典型的"希特勒式"服装。

在具体图案上，德国人比较忌讳纳粹的标志，锤子、镰刀图案，等等。因此，在送礼、布置房间和穿着上，都须想好了再做。

**德国人是非常喜欢花的。**在此方面，他们与许多欧美人的生活习俗相近。德国人举行婚礼时，你可以送去由五爪龙、长春藤、麦箕组成的花束，其意为："同心结爱情，偕老共一生"，一定会让新人喜欢。

许多国家对菊花比较忌讳，而德国人却独自钟情于这种默默无闻、斗霜抗寒的花。不过德国人主要是只对一种菊花怀有好感，那就是他们的国花——矢车菊。

**在德国，你会发现：德国人既谦和，又十分自信。**东西方文化差异，有时往往会在那里的一些具体细节上反映出来。例如，当你在德国接受一个重要委任时，一定会情不自禁地客气自谦一番，因为在国内你都是这样的。而在德国，那可能就坏了大事，因为他们会将你的客气视为是你心虚而无能的一种表现。曾经有一位中国人，经过了几番苦干才换来了在当地一家公司内的升迁，可只因为他的几句习惯性的客气话，立刻被认真的德国老板给炒了。

德国人讲自信，就是要求：做人要有信心，不能退缩、不要过分自谦。但也非趾高气扬，凡事非我莫能。只要你以实干的精神去少说多做，在德国总可以有所作为的。

尊重上级是一种天职，尊重同事是一种本分，尊重下级是一种美德。

尊重客人是一种常识，尊重对手是一种风度，尊重所有人则是一种教养。

我们必须强调：运用礼仪、学习礼仪时最最重要的就是尊重！

——金正昆

第 34 篇

**在意大利的你**

大家好！在这一篇里，我将介绍一下你在意大利时所需要注意的风俗习惯与礼仪规范的具体要点。

南欧的亚平宁半岛仿佛一只巨大的马靴，斜踩在地中海的边缘。亚德里亚海的浪涛，记录着意大利这个千年文明之国辉煌的历史。今天的意大利，有米兰风情万种的时装，有举国为之疯狂的足球，更有威尼斯历久不衰的水城风光。在意大利，你会为其丰富的古罗马文化和历史遗迹所陶醉。而你所希望的，也许是更快地与意大利人相交往，并且适应其环境。

**在意大利，人们对于自己的姓名是很重视的。**他们的姓名通常由两部分组成：名在前，姓在后。妇女婚后多随夫姓，也有一些女士用男女双方的姓。这些都是登记入册的。在意大利，变动自己的名字是大事，必须由法律部门批准，否则改了也无效。

在具体的称呼中，意大利人有自己的一些习惯。在较正式的场合，你应称其全名、全姓，如果是当面与意大利人打招呼，你最好能在其姓前面冠以先生、小姐、女士等称呼。一般泛泛而交的人，那就可以仅称其姓。如果你们比较熟，则可以一律互称对方的名字。

**对意大利女士，你最好事先弄清其是否结婚，不要想当然地乱称呼。**因为在意大利，女士们是很在乎这一点的。无论你称已婚者为"小姐"，还是叫未婚者为"太太"，都极不妥当。

你若真没打听清楚，那不妨先低头看其戒指，说不定能给你一些启示。在意大利，已婚者必定在左手无名指上戴有戒指。不过，定婚而未结婚者也将戒指戴在那里，你若注意一下就能区别开：此二者在款式上是绝对不同的。你可以事先向意大利人请教一下。

**日常生活中，意大利人特别喜欢用一些手势、表情来丰富自己的语言。**例如，要是对什么事不太清楚，他们往往会有这样的表情：一边耸肩，一边向外伸出手掌，还往往同时会撇撇嘴。

在欧美极为流行的"OK"手势也流行于意大利，其意为："好"，或"一切顺利"。在中国等许多国家，你若是对人伸出食指，并来回摆动，对方往往必然会大怒。可是在意大利，你完全可以以此手势来表示自己对人或事的否定。

**在餐桌上，你也可以借助手势与别人进行交流。**例如，你如果久等还不见主人开饭，就可以将五指并拢，手心对着胃部来回转动，那就是告诉主人"我饿了"。在用餐时，你将食指顶住面颊来回转动。它表示"菜的味道非常好"。

要是意大利人对谁不满，那他们多会五指并拢，以食指侧面碰击额头，这就等于说别人是"笨蛋"。

在那里，你要是想叫一个熟人过来，可以伸出手，手背向下，向其招呼。切不可反过来，那就成了唤狗的动作了。在这一点上，他们与中国人的习惯正好相反。

中国人常说："摇头不算点头算"。可在意大利，这句话也得打一个问号呢。如果你去那不勒斯,要对什么事表示否定,那你就不能摇头,而应将头向后仰。如果是坚决否定,那最好用自己的手敲自己的下巴。

**在意大利,经常有足球比赛。**每当此时,人们都成群结队地去观看比赛。而在赛场上,球迷们感情丰富,时而狂喜、时而大怒,并且手舞足蹈,尽情倾泻心中的情绪。

你不要因此以为意大利人爱吵闹,无教养。只要你一走进那辉煌的歌剧院时,你就会发现意大利人的另一面。在那里,全场观众都会静静地观看演出。一些老"票友"则会凝神定气,轻轻地以手击节,细细品味。此时,任何一点谈话声都会受到人们的白眼和嘘声。只有当大幕再次闭拢时,剧场里才会爆发出经久不息的掌声。

意大利的歌剧从古罗马就有了,在近代,威尔第等大师又将其发扬光大。它如同罗马雕塑和建筑一样,被意大利人视为骄傲。你最好能对此做一些了解,不要到时候一问三不知,那样可就没人喜欢你了。

**与意大利人交往,你一定会为他们热情、开朗而健谈的性格所深深地吸引。**他们只要想到了的,一般都会说出来,通常很少会欲言却止。在这一点上,正好与喜欢沉默、不爱直接进行交流的英国"绅士"们形成了鲜明对比。

与意大利人聊天时,一旦让他们的兴趣上来了,往往会"一泻千里"、滔滔不绝,令谈话成了他们的"独白"。他们这样做,其实有利于你尽快地了解他们。在一次谈话中,他们往往会把自己的家务、开支、子女、亲朋好友、生活苦乐,以及个人爱好、脾气等,统统都详细地告诉了你。

所以有人建议,你要想尽快地了解意大利人,最好的办法,就是多去倾听他们的"长篇演说"。

也许是受到古罗马文化的影响和积淀,意大利人特别喜爱争论和辩论。朋友相聚,一谈到一个问题,常常是你一方、我一派,各执己见,争得面红耳赤。不过，你要是遇上这样的情况，完全可以放心地去争一个"你死我活"，而不用担心是否会伤和气。

**意大利人最喜欢的，是敢于表达自己看法而不人云亦云的人。**他们争得不可开交之后，往往会大家再来一杯酒，随之话题一转，就又"风平浪静"了。

**意大利人非常喜爱读报。**无论外出旅游，还是出门坐车，人们几乎都在读报。

报刊上的一些文章，也常常是意大利人所议论的话题。他们也多据此出发，开始争论国内外时事。在很多时候，人们先是在谈电器、时装、汽车等，可一会儿就会涉及党派、政坛、环保、军备、南北对话等等重大议题了。

**在意大利，人们的那种豪放的性格也体现在其待人接物之中。**无论在罗马还是在那不勒斯，你只要在大街上问路，那你总可以得到彬彬有礼的回答和十分详细的指点。有时，对方的过分热情甚至让你承受不了。他们生怕你走错了，便干脆自己主动开车送你一程。

在意大利，交通警察也十分的和气。他们不仅准确地指挥交通，而且给予行人极其周到的服务。为了行人能安全地横过马路，只要路口的车辆比较少，那么交警则会"舞弊"。一见有老人或还不太习惯意大利交通的外国人要过马路时，红绿灯的间隔时间往往就会变得长一些。

**在服饰上，意大利人有讲究穿着的传统。**在他们看来，漂亮适体的服饰是一个完美的人所不可缺少的组成部分。也许正是得益于此，在今日的国际时装界，意大利的时装举足轻重，米兰则是世界时装的名城。

不过，当你漫步于意大利城市的街头，那些风格统一的建筑与着装绝少雷同的行人形成了一种有趣的对比。

平时，你的着装可以以舒适、随意为主。如果你要去拜访别人，或去参加社交、宴请活动，那就一定要尽可能讲究一些。你的服饰不一定奢华名贵，但至少要搭配合理、大方得体，并且显得庄重而正式，以体现对别人的尊重。当然，还应多注意自己的举止风度，不要落一个"金玉其外"的坏名声，那可就给我们东方人丢面子了。

在意大利，你应当注意回避某些禁忌。除了欧美所通行的忌"13"以外，他们还对于"3"这个数字没有什么好感。意大利人喜爱足球，足球比赛是常有的，为此还发行彩票。可你绝对买不到13号的彩票，这种"忌数"怎么可能给人带来好运呢？

**你要是在祝贺或拜访时送花给当地人，那可千万不要送菊花**。它在意大利人看来是极不吉利的，因为它表示死亡和灾难。

如果是去做客，你不妨带一些小礼品。酒、巧克力、儿童玩具、书、画和精美的手工艺品等，这些都是受人欢迎的好东西。意大利人对于礼品的包装是很讲究的，这一点你在送礼物时也要特别注意。送礼给对方时，一般是女主人接过去，然后当面打开，并对你表示感谢。那种英国式的私下送礼的习惯，在意大利则是不礼貌的。

**在意大利，你的确不能不关注其饮食**。这里的烹调是世界闻名的，同时也成为意大利旅游业的一个重要组成部分。各式餐厅的菜肴风格万千，肯定会令你大饱口福。像比萨饼、通心粉等，大多是出现在自助式的快餐里。它们经济实惠、口味好、营养丰富，吃完了也不必另付小费，可能会比较对你的口味。

只要你品尝一下正宗的意式菜，定会赞不绝口。意大利菜味浓，软烂而鲜香，当地人又多喜好菜肴的原汁原味。他们的菜，大多只做六、七成熟。做菜时，炒、蒸、炸、红烩等烹调方式用得较多。

意大利北部盛产小麦。早在中世纪，面条就先于面包出现了。在当地进餐时，首先上来的往往是拌西红柿和干酪的空心面条。吃的时候，你应当注意不要将其切成小段。你最好先看看旁人的吃法，然后学着他们的样子，用叉子插在面条中间，然后转几圈，卷成一个小圈之后，再一口吞下。

**如果你要去赴宴，服饰上务必要讲究一下。** 最好配以正式的礼服，要不然小心人家将你拒于门外。

进餐时，多是由女主人来上菜。若是对其中的某种菜比较喜欢，你不妨多要一些，这等于夸奖主人的做菜好手艺，主人自然会非常高兴。

在意大利，你会注意到，人们大多是红鼻子，据说这与他们爱喝酒有关系。意大利最流行的是一种叫"维诺"的葡萄酒。它装在大肚细颈的玻璃瓶里，其色紫红，味略酸甜，而且价格不贵，几乎是家家所必备的。

**在意大利，无论男女，几乎人人都爱喝并且能喝酒。** 你去做客时，主人肯定会送上酒来，然后与你小酌两杯。即使喝咖啡时，主人也会多问一句："是否加点酒？"据说它可以增加一些咖啡的香味。

在比较正式的宴会上，通常都是一道菜配一种酒。如是喜庆的日子，往往还要打开香槟以示庆贺。当地的一顿饭，往往是边吃、边喝、边聊，至少要进行一两个小时。其中多半的时间，都是在喝酒。你若爱喝两杯，到了那里可就算是真正"他乡遇知音"了。

第 35 篇
**在荷兰的你**

大家好！在这一篇中，我将介绍你在荷兰时所需要注意的风俗习惯与礼仪规范的基本之点。

**一说到荷兰，没有人不会想起郁金香。** 这种美丽的花朵，是荷兰的象征和骄傲。荷兰有许许多多引人注目的地方，在它仅 4.1 万平方公里的国土上，竟然生活着超过 1600 万人。有人称郁金香、风车、奶酪、木鞋等为荷兰的"四宝"。还有人将风车、轮船、木鞋等叫做荷兰的"三礼品"。这些特产，都为这个国家平添了些奇妙色彩。

下面，先说说荷兰人的姓名和称呼。在荷兰，你会感到：荷兰人的姓名是很麻烦的。历史上的荷兰人原本无姓，后来才有了姓，并分为单姓和复姓。现在荷兰共有各种姓氏约 2000 多个。在荷兰，一个人登记姓名后想再改，是极不容易的。

**荷兰人称常见的姓为"大姓"，不常用的姓则为"小姓"，妇女在婚后多随夫姓。** 但近年来一些女权主义者为显示自己的独立和尊严，常常会在夫姓后再缀上自己的姓，中间加上一个连接号，这便是所谓的复姓。

**应当说，荷兰是一个极其尊重女性的国家。** 目前，同英国一样，荷兰拥有一位女王。在日常生活中，你若是接触到带复姓的荷兰女士，一般而言，其地位往往是较高的。

**荷兰是一个王国，因此许多荷兰人拥有爵位和封号。** 在具体的称呼上，荷兰人通常是：名在前姓在后；爵位封号居其间；将学位、学衔等置于姓名之后。

**在荷兰人的姓名上，往往还反映出其男女性别。** 姓名如果是以辅音结尾，多半是男子；若其以元音结尾，则通常为女子。

你与荷兰人交往时，只要彼此关系较亲密，他们会叫爱称，或叫小名，以此作为相互间熟悉、亲昵的一种表示。这个做法，也可适用于家人、同辈、亲友之间。

如果见到可爱的荷兰小孩，那你不妨在其名字后加上诸如"小宝贝"之类的爱称，则其父母往往会非常高兴。

**与荷兰人聊天，谈得高兴时，他们往往会情不自禁地走上来拍拍你的额头。** 在东南亚，它会视此为一种极大污辱，而在荷兰，这正好是一种常用的表示赞扬的举动。所以你要想夸一个荷兰人聪明、有头脑，那你不妨上去用食指敲其额头。你越敲，他会越高兴。

从长相上看，荷兰人长得很有一些特点：肤色很白、头发金黄，一双蓝绿色的眼睛，高鼻子，薄嘴唇。他们性格刚强、果断，有很强的自信心。与荷兰人打交道，你应该注意学学他们的长处，好好体谅别人，多替他人着想。在公共场合，你应当非常地遵守秩序。

**荷兰人是理财的好手。** 他们的收入虽然不少，但乱花钱则被视为一种浪费。在荷兰，人们不像美国人那样讲求生活的享受，而相对要安分一些，生活比较平静、朴素一些。因此，你千万不要在荷兰人面前大手大脚地买东西。那样会被认为是浪费、奢侈，而为人所轻视。

与荷兰人合作，或是你在荷兰的公司里打工，你最好能够勤快一些。因为你会发现：从老板到普通雇员，都在迅速地干活，难得见到有人在上班时间闲极无聊。同时，他们还更注重工作的效率，最欣赏那些雷厉风行、尽快完成任务的爽快人。

**平时，荷兰人喜欢安静而平和的生活。**他们凡事讲求维持原状，而不是像美国人那样喜欢经常变动。如果你在荷兰租房子，谈成之后你最好先核对一下家具。而如果你不准备住太长时间，那你就应当尽可能少变动家具的摆放。否则，在你搬走时还得费力气再摆回原状，因为荷兰人不喜欢别人随便改变其室内的布局。

**在荷兰，人们非常重视休息。**休息日就是休息的日子，商店在休息日大多都是要关门的。你如果在周六、周日这样的日子还忙着收拾庭院、洗衣服，那就往往会遭到荷兰人的白眼。他们认为：休息日就应当安静地放松自己。即使你是一名音乐爱好者，在这样的日子摆弄乐器，多半也会有人出面来干涉你的。

在荷兰，你还会发现，荷兰人对婚姻、恋爱之类的事有一些特别的习俗。例如，在婚庆上，荷兰人喜欢庆贺以下三个结婚纪念日：铜婚（12周年）、银婚（25周年）和金婚（50周年）。这些时候，往往正好是你走进荷兰人家庭的极好机会。有此机会，你一定不要忘了去表示祝贺。

**如果说荷兰是一个花的王国，一点也不过誉。**在荷兰，其国土的56%都种上了花草树木，其中又以其国花——郁金香为最多。在该国，家家户户都种郁金香。据说，郁金香是从土耳其引进的，其原意为"缠头"。郁金香既能美化环境，又是珍贵的礼品。在荷兰的社交中，郁金香几乎适合所有的场合。每年一到鲜花盛开时，只要见到外国人，当地的居民们往往会热情地送上一些鲜花。

每年的四月份，是荷兰最美的季节。你一定不要错过了荷兰四月底的"花节"。那时人们会组织盛大的花车游街。花车缤纷多彩，加上乐队和欢乐的人群，往往令人沉醉忘返。

在饮食方面，荷兰也有很多独特的地方。在那里，早、午餐都是吃冷食，如牛奶、面包等。他们一般不太爱喝茶，牛奶通常就是荷兰人最常见的饮品了。只有晚餐才是他们的正餐，那时大多是两菜一汤。先是上粟米粉汤，接着上来一道蔬菜，但它不加调料。只你吃它时，再加上奶油、肉汁等。最后往往是用奶油煎的牛排，要是你不事先声明，等你切开时，就会惊讶地发现：荷兰人的牛排竟然还带着许多的血丝！你如果不喜欢，可先向主人申明。

**荷兰人非常喜欢吃本国的奶酪，**还有不少人对印尼的辛辣风味菜情有独钟，这在欧洲是不多见的。每年10月3日，也就是莱顿城庆的日子，荷兰人往往会给你上一道"国菜"，它其实就是胡萝卜、土豆和洋葱等3种菜的混合。据说当年荷兰与西班牙大战时，正是这道菜救活了莱顿城全城的居民。

**在荷兰时，你应当尽量少谈论有关宗教信仰的话题。**因为荷兰人之中信奉天主教与新教的人数是差不多的，而这两种宗教在荷兰的对立情绪较重。一些人往往会因信仰不同而吵得不可开交，那时荷兰人的那种平和、温顺的性格荡然无存，往往会令你惊骇不已。

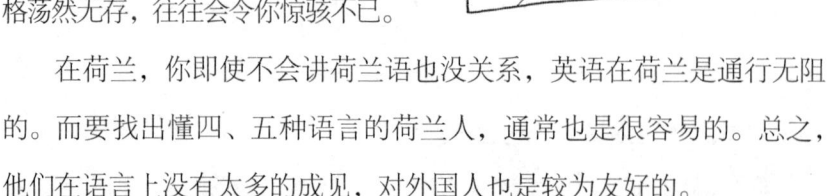

在荷兰，你即使不会讲荷兰语也没关系，英语在荷兰是通行无阻的。而要找出懂四、五种语言的荷兰人，通常也是很容易的。总之，他们在语言上没有太多的成见，对外国人也是较为友好的。

第 36 篇

**在瑞典的你**

大家好！在这一篇中，我将介绍一下你在瑞典时所要注意的风俗习惯与礼仪规范的基本要点。

在北欧斯堪的纳维亚半岛的东南部，瑞典这个美丽的国家散发着其诱人的气息。瑞典的一部分国土在北极圈内。因此，那里有种奇特的自然景观："极昼"和"极夜"，尤其是每年夏天的"极昼"期间，瑞典人称之为"白夜"，那时"月上树梢头，人约黄昏后"的美妙春宵，你在其他地方是再也找不到了。

由于多年的移民，现在的瑞典有外国移民及其后裔约100万人，差不多占了其本国人口总数的10%。随之而来的，自然是各种不同文化、习俗的交流和冲突。

斯堪的纳维亚半岛那独特的地理环境，使瑞典人形成了和平、宁静的生活方式。瑞典人在性格上，则交织着乐观与沉默寡言、喜欢交际而又略带孤僻的矛盾。具体表现在各个年龄段上：老年人的性格稳重、温顺而多内向；中年人则比较成熟，善于思考而且健谈；至于年轻人，大都兴趣广泛、思维敏锐，能接受新事物，不反对变革。对于这些，你应有所适应。

**瑞典是一个实行全民义务教育的福利型国家。**瑞典人的文化素养较高，在日常生活和交往中，他们那文明的言语、规范的交际行为，往往令你折服。在这方面，他们还颇有些英国绅士的味道。

在瑞典，你同别人见面时，只要与他们礼节性地握握手就可以了。

在告别时，你可要留一些神。瑞典人有个比较特殊的告别程序：

首先是大家站起来握手道别，然后再各自去拿手套和外衣。这个先后次序在绝大多数国家是无所谓的，甚至没有多少人注意到。但在瑞典，你却必须严格地按其顺序来做，否则就是一种失礼。

**在瑞典，你往往可以见其人之名，而去判断其人之身份。**瑞典人的姓名，通常是名在前姓在后，这与大多数西方国家是一致的。同时，瑞典人又特别强调其家族和血统的纯正性。反映在其具体的名字上：贵族多是复合姓，而且其姓中多带有一些颇为威严的音节。至于学者们，则常常从拉丁文中演化出姓氏来。普通市民也有取复合姓的，但其姓多只是些双音节地名，不如贵族的姓那么响亮。农民在其姓名末尾，则常常带一个"松"或"生"的音。

瑞典人中，重名者十分多，例如叫"安徒生"这个名字的，在全瑞典竟然有100万人！

**在饮食习惯方面，瑞典人往往喜欢吃生、冷食品。**你若是去瑞典人家中做客，主人肯定都会热情有加，但他们上来的肉、鱼等菜肴却多半是半熟半生、又生又酸的。第一次吃时，你一定非常不习惯。

从其口味上讲，瑞典人倾向于欧式菜，喜欢清、鲜，不爱油腻。他们希望菜肴做得嫩滑、焦香。其国内名菜很多，比较有名的是"青鱼拌马铃薯"、"老人的糖果"（细滑的鱼肉丸）等。瑞典人自从接触到中国的粤菜后，就表现出了极大的兴趣。

由于瑞典地处寒温带，蔬菜的生长期极短，因而那里的水果和新鲜蔬菜都很贵。不过，无论在哪一个城市，到处都可以找到卖小菜的食品店，里面有丰富而价廉的各式鱼罐头，分生、熟食卖。你只要是喜欢吃鱼，在这里真可谓是大饱口福了。

**喝咖啡，是瑞典人日常生活的一个重要部分。**瑞典人对咖啡的嗜好正如英国人对于茶。瑞典人自己也说，他们可以不吃面包，但不可一日、一时不喝咖啡。我们常以咖啡来提神，中国人普遍认为喝了咖啡睡不着。而瑞典人正好相反，他们是不喝咖啡反而睡不着。所以，一天到晚，你都可以看到他们在喝咖啡。说咖啡是瑞典的"国饮"，一点都不过分。而你若是想在瑞典多与人交往和接触，那还是先练一练喝咖啡的功夫吧。

**在瑞典，你感受最深的也许是其在全社会范围内实施的"社会福利制度"**。人们常说瑞典"无穷人"，就是指福利制度所产生的效果。瑞典人享受着"从摇篮到坟墓"的各种社会保障。例如，一家人中要是有新生儿出世，做母亲的可以休长达9个月的带薪产假。更绝的是当了爸爸的男子，也可以陪着自己的妻子和婴儿，享受同样长时间的带薪假期。

瑞典人平均住房面积高达47平方米，这又是让那些备受无房之苦的人大为羡慕的事。在瑞典，你的确很难找到像纽约市区内的那种贫民区。瑞典人的居室都很舒适，至少是够住了。

在瑞典首都斯德哥尔摩，你可以找到被保留下来的许多老城风景。许多建筑都维持着原有的风格，到处都是草坪、花木和水池。在以白色为基调的建筑群中，四周衬以绿树、灰白的山石，显得十分宁静而协调。斯德哥尔摩共建有6个卫星城。多数瑞典人住在郊区的卫星城，而到城里的大学、公司里上学、上班，每天早晚来回进行其"钟摆式运动"。

**在瑞典，你若爱喝酒，那就少不了会有许多麻烦**。因为它是一个半禁酒的国家。在瑞典的各个城市，你是找不到酒吧的。在饭店和餐厅里，也只有晚上才供应少量的酒。你即使想在自己的家里饮酒，那也要持专门的

"购酒许可证",到指定的店里去买。同时,还得交一笔数目可观的税。所以,在这里你要是说去"参加酒会",那等于说是参加一群违法乱纪者的大聚会。

在各地,警察可以随时拘捕醉汉或检查司机血液里的酒精含量。如果超过千分之一,那么警察可以将其强行送进戒酒医院。如再喝又被发现了,那将会被送到戒酒中心,住更长的时间。

同其他欧美人一样,瑞典人也比较忌讳你问其政治倾向、年龄几何、家庭状况、宗教信仰及其行动去向等私人问题。见面时你要问他们"要去干什么?",多半是会得到对方"瞪眼"的。此外,他们也比较忌讳"13"这个数字,你应当对其加以避免。

**平时,你要是去瑞典人家中做客,带一些礼物是必要的;但千万不要送酒。**一方面,是由于瑞典禁酒,许多家庭对于喝酒、送酒都持轻视态度。另一方面,则是由于在瑞典酒往往难于买到,故此价格相当贵,当属于重礼。在瑞典这样的国家里,随便赠人以贵重之礼,对方往往是不愿接受的。

在瑞典,语言方面的障碍并不多。你只要会讲英语,那样多半就可以走遍瑞典。如果你能说上几句瑞典语,则对于你在瑞典是极其有好处的。那样的话,你肯定就会突然受到很多尊敬,瑞典人甚至会像对自己的亲人那样去善待你。

瑞典一年中大多数时间天气较冷,因此阳光就显得格外亲切。一到七月,阳光明媚之时,你最好同瑞典人一同结伴外出,去轻松一下。到了二、三月冰天雪地之时,极夜也随之而来。此时天光不明,正好是朋友相聚的好时候。在这一段时间展开你的"友情外交",无疑是极为合适的。

第 37 篇

**在瑞士的你**

大家好！在这一篇中，我将介绍一下你在瑞士时所需要注意的具体的风俗习惯与礼仪规范的要点。

**目前，瑞士被誉为是欧洲最美、最迷人、最富有的国家之一。** 在那里，有风景如画的日内瓦湖，有连绵起伏的阿尔卑斯山脉。瑞士还有"钟表王国"的美誉，其钟表制造业历史悠久、技术精良，在全球享有盛名。此外，其邮票业也是闻名遐迩，令世界各国集邮迷们为之倾倒。在瑞士，你会为这一切所陶醉。

**在世界上，瑞士是和平、发展与合作的象征。** 日内瓦是全世界为数不多的真正国际性大城市，设在此处的包括联合国教科文组织、世界卫生组织等在内的国际性机构就有近1000个。

在瑞士这样一个经济发达、生活富裕的国家里，其国民素质和修养也同样让人称道。在瑞士，勿忘待人以礼。瑞士人爱那些传统的建筑，所以其市内的街道总是小小的，而众多私人小轿车一出动，往往形成上下班高峰期时的拥堵。但瑞士人似乎特别地好脾气，遇到这种烦人的事也不急不恼，都会慢慢地开车或干脆停下来，耐心地等交通警察疏通车流。你既听不到刺耳的喇叭声，更不会有人耐不住而破口大骂。

**在瑞士的各个城市里乘公交车，你是找不到售票员的。** 上下车和售票全由乘客自助进行。偶尔也会有查票员到车上查票，一旦查出谁在"蹭车"，那就会按票价罚款20倍。当局声称，他们很少查到过逃票者！这个说法的确切性较难核实，但瑞士人守纪律，有公德之心，确是事实。

对于老人，瑞士又实行特殊的照顾。比如坐公交车,老人都有全年优惠券。

在日内瓦街头，你还会发现没有上锁的自行车。这可不是谁粗心大意忘了锁车，而是一些群众性组织搞的一项公益活动。你完全可以随便骑上一辆，用完之后，你只要再放在另一个公共场所就行了。它们当然都是免费的，而且主要是为方便像你这样的外国人和有急事的人临时急用。

**瑞士各大城市的宁静和温馨，也值得你好好体会。**无论在日内瓦，还是在伯尔尼，满街都是汽车，但你却几乎听不到有人鸣喇叭。瑞士以钟表制造业为主，污染较小，但为保护市区的环境，这些工厂也只允许设在郊外城市的下风口。

你要是喜欢听音乐，那么在你的寓所里，最好不要将音量开得太大，否则就不只是左邻右舍出来干涉你，而很可能会有人来对你进行罚款，甚至以一纸传票送你去"公堂"呢。在瑞士，没有人会因为听音乐而影响他人。瑞士专门有禁止噪音污染的法令。对于像飞机场这种高噪音"制造所"，政府每年都要向其征收一笔数目可观的"噪音税"，以用于公益性事业。

在与瑞士人交谈时，你会对他们喜静、厌吵的特点有进一步了解。"窃窃私语"，是对他们谈话神态的最好描绘。在他们眼里，轻声交谈，娓娓道来，是最有风度的表现。平时，你也难得见到有人大呼小叫。他们总是轻轻地说话，显得平和而从容。

**平时你与瑞士人聊天，最好的话题莫过于谈风景和艺术了。**在瑞士，你可以有很多机会去欣赏高水平的音乐和艺术。这里有世界一流的苏黎世交响乐团，有各种剧团和一些流动的演出团体。同去听一场音乐会，这是多么令人高兴的朋友交往和聚会方式呀。

良好的文化素养、高度的社会公德和责任感，加上历史上中立，和平而与人为善的传统，这都是瑞士人极其欢迎来自各国的朋友的原因。瑞士人将德、法、意等三种语言作为其官方语言，而大多数人都会说至少两种语言，这使得该国的对外交流具有了很好的优势。

旅游业是瑞士的三大支柱产业之一，在瑞士已经有两百多年的发展历史，目前其旅游年收入位居世界前 10 名。无论在欧洲，还是在全世界，它都是令人惊叹、令瑞士人骄傲的。

瑞士的名城，多为江湖河泊所包围。其市区内也多绿树成荫，四季花开不断，各种风格的建筑更是别有一番情韵。例如，在其首都伯尔尼，这里几乎没有什么高楼大厦，多是一些哥特式建筑风格的小楼和平房。走在市区内，你仿佛是回到了中世纪的欧洲。而那些当年适应和平中立需要而挖成的地下室，现在也成了瑞士一大景观。

在服饰上，瑞士人有其独特的民族服装。不过你在瑞士则完全可以穿得随便些。只有在一些正式场合，才需要你西服革履、风度翩翩地出现在公众面前。但你可不要将西服穿到大街上去了，那可就成了瑞士人面前的"没有文化者"。

瑞士人的环保意识还体现在他们对动物的爱护上。瑞士人尤其爱鸟。在日内瓦湖上，常年有几千只洁白如雪的天鹅，为其秀美的湖光山色缀上绝美的活力。每到冬天，天鹅往往觅食比较困难。此时，总会有市民不断地送来面包和牛奶，还有不少志愿者为它们造窝，以助其度过严冬。日内瓦人热爱天鹅之情，由此可见。

**你如果要为瑞士人所接受，当然不应忘了时时处处表现出自己的环保意识和仁爱之心。**瑞士在环境保护方面取得了举世公认的成就。根据今年全球经济论坛上公布的 2008 年环境保护指数，在参与调查的 149 个国家中，瑞士的综合得分最高。在瑞士，讲究清洁卫生是一种有修养的标志。为保护其国内清新的环境，减少污染，他们几乎停止了用煤来发电，取而代之，用水来发电。

在瑞士境内，目前30%以上的国土为森林所覆盖。在大城市里，公交车也多是电车，就连城市的下水道也具有瑞士风格：共有两个，一个通污水，流向废水处理场；另一个则是雨水的专用下水道，可直接流回到河湖里去。

在瑞士，你还应学会用垃圾袋，并对各种类型的垃圾进行分类，装入不同的袋子，扔在不同桶内。在大街上，经常可见穿桔红色制服的清洁工，他们在瑞士相当受尊重。因为人们认为，是他们的劳动使环境变得更美好。因此你在瑞士时，应有强烈的环境意识，不乱扔垃圾。要主动做一个好"外来户"，以行动来尊重清洁工人的辛勤劳动。

**你要是有吸烟的嗜好，在瑞士时常会感到不太自在**。虽然瑞士并未明令禁烟，但政府和各界人士都是主张限制吸烟的。在公共场合，你要是叼上一支烟，那可没人会欣赏你那副"吞云吐雾"的样子。你最好还是自己在家"孤烟自赏"去吧。

如果你外出乘火车，一旦想吸烟了，先别忙，不妨看看你所在的车厢是什么颜色。如果是绿色，那就打住了，这表明是禁烟车厢。如果是红色，那你可以来上一支。不过，无论从风度上说，还是从健康上考虑，你都最好少吸，能不吸就不吸。因为吸烟不会有助于提高你的风度，相反，你那刚刚树立起来的热爱清洁、保护环境的好形象，一下子就被烟雾模糊了。

总之，请你记住，瑞士人爱美。你如果具有美的外形，美的风度，尤其是美的心灵和修养，才会让他们接受你、尊重你。

第 38 篇

**在奥地利的你**

大家好！在这一篇里，我将介绍一下你在奥地利时所需要注意的风俗习惯与规范的基本要点。

如果你非常喜欢古典音乐的话，对每年元旦前夜的"维也纳新年音乐会"你就一定不会陌生；如果你非常喜欢宋祖英，也一定会记得2003年11月23日她在举世闻名的维也纳金色大厅成功举办了其个人独唱音乐会，多少人为其而迷醉！而台下那些身着盛装、优雅而幸运的观众，就是你将要面对的"音乐之国"的奥地利人民。

如果你是带着音乐的梦幻来到这个美丽的国度的，那么的确如你所想，无论在首都维也纳，还是在山城萨尔茨堡，奥地利都会向你展示其浓郁的音乐和艺术氛围。更不用说，在音乐发展史上，这里曾孕育了多少音乐奇才，又有多少乐坛巨匠同这里紧密相连呢！

当然，在奥地利你所要体会到的绝不仅仅是它的音乐，而且也是这个阿尔卑斯山麓的中欧之国的一切。

**它是一个在历史上与德意志民族紧密相连的国家。**历史上的奥匈帝国，后来的哈布斯堡王朝，都曾在这里留下了多民族融合的印迹。因此，实在难以理清它与德意志民族在本质上存在多少区别。事实上，奥地利受古拉丁、日耳曼和斯拉夫等三大语系民族的交叉影响，从而在文化、风俗、习惯等方面形成了自己的特点。从这一点上来讲，奥地利又具有自己的民族性和独特性。

**在奥地利时，你不必太多地注意人们的姓名。**因为他们的姓名比较复杂，在本名之后是家庭的姓。而家庭的姓则是夫妻双方选定的，既可以是男方的姓，也可以是女方的原姓。当然，那里多数的人还是以夫姓为家庭姓氏的。

在奥地利，你与当地人民进行交往时，如果是在社交场合，你应当称呼其姓，并在其姓之前加上"先生"、"女士"等称呼。在过去，如对方是一位有身份者，或仆人称主人时，都要加上"您"。现在，无论家里人还是亲友之间，更习惯于用"你"。在绝大多数场合，你也完全可以自自然然地用"你"去称呼奥地利人。对于他们太过于客气，反而被认为是你自轻自贱，信心不足。

**在奥地利，当你与人们见面时，对方常会用标准的德语"你好"来进行问候。**有时他们还会采用源于拉丁文的一个词"塞尔伍斯"（原意为"仆人"），以表示"愿意为您效劳"，那就是极其客气的表示了。对于女士，这一句往往用得最多。

**男士们在向女士问候时，还可以向她行吻手礼，并彬彬有礼地说：**

"请允许我吻您的手"。不过,如果你明知对方是未婚少女,则行吻手礼是极为失礼的。如果同为女士,相见时是可以用拥抱和互贴面来表达问候的。

即使行吻手礼,男士也不要主动凑上去,而应由女士主动向你伸出手,然后你再得体地致以问候。如对方并未有此举动,那相互点点头问好就可以了。对于女士,要有风度、重礼节,但不可献殷勤。

在奥地利,人们的民族服装十分丰富,不过除了一些提倡保留民族服饰的组织,以及一些民间音乐团体外,人们大多是顺从现代的习俗来穿着。因此,你除了在较正式的场合穿着西服等庄重的服装外,平时完全可以穿得随便一些。而且,千万不要以为一出国就必穿西服,随时都要把西服穿到大街上去,那可就失去其本色了。

**在奥地利,你只要有兴趣,是有很多机会去听音乐会、参加舞会等各种社交活动的**。此时,你在着装上可千万随便不得。一般来说,在这些"够档次"的场合,主办者多会在请柬上告诉你:穿什么样的服装才能出席。如果别人注明了,那就一定要按其要求做。否则,到时候你被目光敏锐的门卫礼貌而坚决地拒之于门外,那你可就没面子了。

在奥地利,你去听交响乐、观看歌舞剧、参加舞会时,都有一定的标准服饰:女士多是拖地长裙,你当然也可以穿具有中国特色的旗袍。男士则以燕尾服为最正式的礼服。但你不必拘泥于此,只要选款式好一些的西服,并配上合适的领带和衣饰,庄重、大方、得体就可以了。

**在饮食习俗上,奥地利人吃的是西餐**。由于历史上各民族文化的交汇,反映在饮食上是花样品种繁多,尤其以面食和甜点最为有名。在那里的许多地方,人们要在上午10点、下午4点吃两次茶点,这一习惯，有点像英国人津津乐道的下午茶。这是奥地利人的一个重要的交往和社交活动。你不妨多参加几次，长长见识。

**他们的饮品也很多。**在其中部、北部的一些地区，你会发现人们往往是葡萄酒不离口，一天喝到晚。在与德国接近的地区，人们又受那"啤酒之国"的邻邦"传染"，爱喝啤酒。在不产葡萄的地区，你则会尝到苹果汁、梨汁等当地特色的饮料。

在奥地利的青年人中，不少人喜爱互赠"棒子酒"，这是一种友谊天长地久的表示。你若是收到奥地利青年送来的棒子酒，那表明你已被他们视为朋友了。此外，有人还爱将烧酒加在咖啡、茶或汤里。这样喝来，据说风味极好，你不妨一试。

**奥地利人非常非常地喜欢动物。**在农村，有人用动物图案来装饰房屋。他们认为蛇是能给人带来幸福的。与其他国家忌讳猫的习俗不一样，在奥地利，猫和狗都是吉祥物。它们被画在墙上，据说可以避邪。这也为你送礼提供了一定的参考。礼品如与这些动物相关，那么受赠者多会表示欢迎。

在语言上，奥地利人中有98%的人都讲德语。你若是不会讲德语，那么这个充满音乐氛围的美丽国家可不是那么地欢迎你哟！开一个玩笑啊。

第 39 篇

# 在西班牙的你

大家好！在这一篇中，我将介绍一下你在西班牙时所需要注意的风俗习惯与礼仪规范的基本要点。

**西班牙地处大西洋和地中海之滨，它有着绚丽的风光、多变的地形**。南部葡萄漫野、橄榄遍山，阳光与鲜花四季常艳，那里便是名闻于世的西班牙的"太阳海岸"。

提起西班牙，那雄浑、激越的《斗牛士进行曲》便会在你的耳畔应声响起。在西班牙，你所见到的当然不止这些。投身于整个西班牙，你将饱览自己所熟悉和陌生的一切。

**西班牙人的姓名比较复杂**。它通常由三到四节构成：前一两节是本人的名字，倒数第二节为父姓，最后则是母姓。人们多以父姓为本姓，不过，如果其母系为贵族或望族，那就可以重女轻男，以母姓为姓。在平时，你只要称其父姓或第一音节名字就行了。

**在西班牙，人们平时所使用的手势往往有一些独特之处**。你只要多注意倾听他们谈话，就会发现：他们说话时有许多附加

的手势、头部动作和丰富的面部表情，用以加重其谈话的语气。

例如，他们要提醒你"当心"，或希望你能注意时，常常是以其左手食指放在下眼睑上往外一抽。所以，当西班牙人对你做此举动时，你可不要视而不见，而应当引起你特别的注意。

西班牙的妇女平时特别喜欢扇子，由此还衍生出一些独特的扇语。例如，她以扇半遮面部，那就意味着："你喜欢我吗？"如果她将扇子时开时闭，是在表明："我非常想念你。"她以扇子支其下巴，则意为"希望早日重逢。"

当男士们与多情的西班牙女郎接触时，如果见到另一些扇语，你就小心些了。她如果一个劲地扇动扇子，那是表明："快离我远点，否则我要叫人了！"她将扇子在手里翻来翻去，就是在说："你真讨厌。"她如果将扇子扔在桌上，就等于告诉你："走吧！我喜欢的是别人。"

**虽然西班牙人看起来热情奔放，但他们的许多古老的传统至今仍被很明显地保留下来了。**例如，在西班牙，你很少在公园里见到双双对对亲热的恋人们。他们多会正襟危坐，至多不过手拉手。这与许多欧洲国家里的恋人们在大庭广众之下的亲热形成了鲜明的对比。

在西班牙，人们在服饰上也有一些奇特之处。你要是一位女士，那你在西班牙一定要戴耳环。如果你在外出时不戴着它，那么一路上你就可能会收到无数"应接不暇"的目光。因为，在西班牙女士上街不戴耳环，无异于人没有穿衣服！

作为男士，平时你在穿衣服时，只要你能做到得体大方也就行了。而且在平时，你自己也以随便、舒适为着装的主要原则。

在西班牙，你肯定会有机会欣赏到最具特色的"西班牙斗牛"。其完整的一套程序和斗牛过程中那惊心动魄的场面，往往令观者备感刺激。作为一项民族运动，这更为其发达的旅游业注入了活力。

**目前，西班牙的足球也令其国民疯狂**。在西班牙，与朋友同观球赛，则是相互亲密交往的极好方式和机会。你不妨活泼一些，多寻找一些类似的机会。

在西班牙稍稍久居，你就会发现：他们特别能"侃"。聚众聊天，可以说是他们最喜欢的交往和休息方式。

你不妨加入其中，从他们最感兴趣的斗牛，到政治时事、家庭琐事、文学艺术等无所不包。他们时常是三五人集于咖啡馆、酒吧之中，边喝边聊，其意颇浓。

对于西班牙的饮食，你多半会感到非常习惯。在这里早上8点左右吃早餐，人们往往吃的是咖啡、油煎粉圈（鸡蛋、面粉、牛奶的混合糊），再加一杯巧克力饮料。

**在那里，午饭是比较重要的，一般都要上四道菜**。下午2点钟左右，他们还要简单地来一点东西，并配上些啤酒或一杯口味极佳的葡萄酒。

至于晚饭，往往比较简单。它大多是朋友相聚，边吃边聊，以谈为主，而且是名符其实的"晚"饭，多半在 10 点左右开始。

平时，他们特别爱吃鸡、鱼、虾、水果等。在蔬菜之中，他们尤其喜欢生吃洋葱、西红柿和令一些欧美人闻之却步的生辣椒。其口味偏厚重、浓郁。

**在西班牙，教会势力比较大，天主教被定为国教。**作为其国语的西班牙语在全世界影响极大，因而在西班牙你若会说西语，对你将会大有便利。若你只能以英语来交往，如遇到保守一些的西班牙人，说不定会故意不理你呢，因为他们认为你轻视了西班牙语在世界上无可取代的重要地位和影响。

与该国老百姓交谈时，王室、宗教、民族等问题，通常都不应该出现。

第 40 篇

**在俄罗斯的你**

大家好，在这一篇里，我将介绍一下你在俄罗斯时所要注意的风俗习惯与礼仪规范之要。

**俄罗斯，这个当今世界上面积最大的国家，横跨在欧亚大陆的北部。**俄罗斯有民族130多个，其中俄罗斯人约占全国总人口的93%。

在俄罗斯，目前中国人比较多，也受到欢迎。尤其是近几年，中俄之间的关系越来越密切，不管是民间交流还是官方交流，都有所增进。

尽管如此，你到了俄罗斯后，也需要多多注意他们的各种习惯和禁忌，并且自觉地遵守。先看其姓名。俄罗斯人的姓名通常由三部分组成：名字、父称、姓氏。其中父称是由父亲的名字演化而来的。在一家人中，兄妹同名，但其词尾是不一样的。男子多是"斯基"、"夫"，女子则常是"娃"、"卡娅"等。女子在出嫁后改夫姓，但其名字和父称则是不变的。

他们的名字，多有爱称和昵称。例如列宁，其大名为弗拉基米尔，简称沃洛佳，爱称沃洛津卡，其夫人就常称列宁为"沃洛佳"。

**俄罗斯人姓名的使用，往往是非常讲究的。**交际的性质不同，其使用往往也就不一样。在一般情况下，书面只写其名字、父称的字母缩写，再加上姓氏，而免称其名字，或其昵称。

**在正式场合，多用其全名，大学生则往往只用名字**。谈话双方即使谈得亲密，往往也不能直呼其名。最好能加上其父称以示敬重，这也多用于称呼年长者和有一定地位的人，或是在与不太熟悉的同事交谈时。

上课时，教师往往只称呼学生的姓氏，军官对士兵、上级对下级，都可以这样称呼。在一些严肃场合中，你还会听到他们爱加上"同志"一词，这大概是历史留下的"遗迹"吧。在大街上，对于一些老人，你也不妨称其为"同志"，也可按照中国人的习惯称其为"老妈妈"、"老爹"等。对于中年人，你可称其为"老兄"、"大姐"。对年轻人，可称其为"朋友"。你若是年长者，则可称年轻人为"小伙子""姑娘"等。

在婚后，小夫妻对对方的父母大多称其名字加父称，而极少叫"爸爸"、"妈妈"。对于外国人，他们则按西方习俗称其为"先生"、"女士"。

**在俄罗斯时，你一定要慎用"您"和"你"**。称"您"，主要表示尊敬与客气，也可能是表示一般关系，甚至是有意的疏远。称"你"，则多表示亲切，但也不排除有时表示着粗鲁。如果是在知识分子中，即使是彼此很熟，也应多称呼"您"。

**在俄罗斯，人们欢迎客人时最隆重的礼节是献上"盐和面包"**。如果你与一个久别重逢的朋友相会，则多有亲吻、拥抱。平时相见时，你也可以优雅地吻女士的手背。女友男友之间通常会亲三下面颊，长辈则往往会吻你的额头。在演艺界，无论男女，都是以亲吻为礼的。

**在谈话时，你一定不要用手对别人指指点点，也不要大声喧哗。** 在公共场所，例如，在汽车上、影剧院里，你要么不讲话，要么就低声交谈，高谈阔论会被别人视为没有教养。对方在说话时，你一定专注一些，要看着对方，并且不能打断其说话，那才是有礼貌的表现。你若与他人初次交谈，千万不能谈论生活的细节。对于妇女，尤其不能问她的年龄。

平常，你不要动不动就将鞋和脚放上桌子、茶几。至于像当年赫鲁晓夫在庄严的联合国大会上脱下皮鞋来敲个不停，则更算是粗俗至极的举动了。在社交场合，男子应将脸刮干净，并且在自己的服饰上尽可能地整齐一点，那才算是对别人的尊敬。女性则往往要化一点妆，才算是合乎礼节的要求。

**与别人握手时，你一定要脱去手套。** 具体相握时，不要用力摇别人的手，不要显视你的有力，而应当轻轻地握。只有对不幸者、或长者对下级，才会紧握其手以示关切。

遇到长者和女士，你不要去先伸手，而应等别人主动来与你相握；如果你首次与一位女士相见，往往是不握手的，而是以鞠躬为宜。如果一群人在一起握手，那你应注意避免与别人形成交叉形的握手局面。

**在服务性场所，大多要付给服务人员一些小费。** 如你在餐厅里，吃饭付钱后找的零钱就可以作为小费给侍者，这叫"茶钱"。

**在社交场合中，你不要不声不响地就离开了。** 如果中途要去厕所，你不可以直说，而应说"我去打个电话"或"请等一等"。所以，在那时你可不要心血来潮地主动去陪别人找"电话"，那可就尴尬了。

**像在其他许多西方国家一样，在俄罗斯时你还应当注意多去照顾女士。** 如进门帮其脱大衣，出门助其穿大衣。在宴会上，你应当照顾你身边的女士。散席后，你应当主动问是否需要送其回家。

在俄罗斯，你最好自己抽自己的烟。如果你去让烟，那就要痛下决心，要给人家一整盒而不是一支两支，否则别人是不会要你的烟的。

女士在俄罗斯时，也应该十分注意自己的言行举止。女士切忌以手抚弄裙边，更不要以裙边当扇子扇风。在那里，如果你撩起裙子露出大腿，那就等于是在引诱男人了，那会造成怎样的误会啊？！

**在俄罗斯，人们对于艺术的热爱往往令你感叹。**他们从小就开始接触各种艺术展览，加上其历史上各类艺术人才辈出，俄罗斯人以了解其灿烂的历史文化而引为自豪。此外，他们的体育活动也很普及，其国际象棋的水平极高。

在俄罗斯，人们只在农村能多见些穿民族服装的人。现在随着俄罗斯人观念和生活水平的变化，男子多穿西服、戴呢帽、礼帽、便帽。冬天则是皮衣、皮帽、皮靴。过去女子不穿长裤，现在也基本上西化了。在平时，女士们多穿上了高跟鞋，冬天则是长皮靴。她们头上戴的秋天是呢帽，冬天是皮帽，夏天则是花头巾。

总之，在那里，不论你穿什么，都不会有人非议你。当然你在正式场合里，往往还是应当注意一些。

在来这里以前，你一定对于俄罗斯的"土豆烧牛肉"这道苏联的"赫鲁晓夫名菜"早有所闻。其实在俄罗斯，人们的饮食还是比较丰富的。在俄罗斯，你应当注意吃好早餐和午餐，这一点与西方国家是不一样的。

**俄罗斯人通常爱吃酸味食品和冷菜、冷饮。在中午、晚上，他们必喝汤。**他们的鱼子酱、酸黄瓜与红菜汤，都是非常出名的。此外，他们还每餐必喝茶和酒。俄罗斯人非常爱喝红茶和烈性的白酒，如举世闻名的"伏特加"。你如果能带一些北京的"二锅头"酒，那可是会让俄罗斯人高兴得直拍你肩膀的好东西。他们大多都是喝酒的好手。

在俄罗斯，人们平日里以黑麦和小麦面包为主食。他们爱喝荞麦粥，爱做各种小面点。他们还爱吃鱼、虾、羊肉、青菜、水果等。但他们是忌讳吃狗肉的。

俄罗斯人进餐时不用碗，而用盘子。即使盛汤，他们也会使用深盘。进餐时，你应当是左叉右刀。吃面包时，你可以用手。只有在用勺时，才能放下餐刀。只用叉子时，则可用右手持之。你应当注意：不要用刀、叉去磕碰盘子。

在用勺舀汤时，应用左手轻抬起盘子，右手用勺子向外舀，而不是向内。举杯饮酒时，你一定要用右手。嚼东西时，你应当把自己的嘴闭上，注意不要嚼出声音来。喝茶时，茶勺用完后应放在茶碟里，而不能留在杯里就端起来喝，那样是非常失礼的。吃水果时，俄罗斯人通常都不会削皮，但它们必定是早已被洗净了。

**在俄罗斯，你应当留意一下他们的一些特殊的禁忌和习俗。在那里，"13"和"星期五"都是不吉祥的。**镜子破了、盐撒了，都是灾难。

姑娘要是坐在桌角，那可就意味着嫁不出去。家人出远门后，不要马上扫地。你出门忘了什么东西，回来取时应当先望一下镜子。

如果你要送花给当地人，那可要注意：那里只能送单，不能送双，因为双数是不吉利的。

在俄罗斯，人们那种良好的卫生习惯，往往也会促使你多加修饰自己。在公共场所，你最好能不吸烟，更不要随地吐痰，乱扔纸屑等。无论干什么，哪怕只有几个人，俄罗斯人都极守秩序地、安静地排队，而从不乱插队或争先恐后。

**在排队时，你会发现俄罗斯人多数都在读报、看书**。俄罗斯人有着喜欢阅读的好习惯。有时为了能买到报纸，他们宁愿早些起来。许多家庭都有极丰富的藏书，人们视爱读书为一种美德和修养。因此，当对方是有身份的人，或是知识分子时，你不妨向他们请教有关阅读的问题。

在假期里，俄罗斯人还爱外出去度假旅游，这也是你与朋友交往的极好机会，往往是在一次度假后，交往双方就情同手足了。

第 41 篇

# 在澳大利亚的你

大家好，在这一篇里，我将具体介绍一下你在澳大利亚时所需要注意的风俗习惯与礼仪规范的基本要点。

在澳大利亚，有着一望无垠的金色海滩，有着憨态可掬的袋鼠、树袋熊、鸭嘴兽……很久以来，它都是许多人眼里追梦、寻梦、梦想成真的一片乐土。

**具体来说，澳大利亚是一个由移民所组成的多元国家。**各民族在共同奋斗、创造澳大利亚的繁荣和文明的同时，又在一定程度上保留了自己的一些传统，从而使澳大利亚形成了多姿多彩的多元民族文化。

**目前，其居民以英国和爱尔兰人的后裔占绝大多数。**因而澳大利亚在生活民情、风俗习惯等方面，与西欧、北美往往有些接近。正因如此，有人称澳大利亚为"半英半美"的国家。

大概也是因为这样的原因，当你在澳大利亚同人们进行交往时，不妨参照一下英、美两国的一些主要习俗。

在称呼澳大利亚人时，那里基本上采用的都是美国式的做法：他们通常是名在前、姓在后，妇女婚后随其丈夫的姓。

在平时，你只要与别人关系较为亲密，那就完全不必区分男女老少，可以很随便地去直呼其名。

作为大洋洲的头号大国，澳大利亚的经济和生活水平都是较高的。同时，其国民素质很高。因此，在澳大利亚那种轻松随和的气氛之中，

你一定不要忘了时时刻刻注意自己的言行举止，自觉地做一个友好、礼貌，有修养、举止得体的"老外"。

曾经我们的一位同胞，在国内一上餐桌便高谈阔论、吆三喝五、热闹哄哄地如同赶集一般。作为来自东方礼仪之邦的你，千万不要把这种"豪侠之气"带到澳大利亚去。澳大利亚人在公众场合十分在意自己的举止，他们从不聚众大声喧哗。

在他们看来，懂礼貌、守秩序是一个文明人的起码要求。因此，无论是在银行、在邮局或是在公共汽车站，你都应该习惯于安静地按次序排好队，"夹塞"插队无疑显得十分可笑而粗俗。

**在澳大利亚时，你可以经常体会到那种"上帝"的味道。**那里的宾馆、餐厅及商场里的服务员，都受过非常正规的训练。他们那种"天使般动人的微笑"，总是挂在脸上。因此，你也应该使自己彬彬有礼、和气而举止得体。

由于澳大利亚地广人稀，各大城市间的间隔也较大，因此人们在节假日里喜欢相互串门。你可以邀请澳大利亚人到你那儿去做客，这是双方加深彼此之间的了解的极好方式。

对方一旦接受邀请，在来时大多会带给你一些小小的礼品，如在他们自己的花园里采摘几支时令的鲜花，或是一瓶他们自己酿造的果酱等。他们所看重的是送礼时双方之间的情义往来，而对于礼品本身的价值却不那么在乎。

许多人在做客于贵宅回去后，往往会马上打一个电话或写一封信，专门对你表示感谢。对这些做法，你也可以在去对方家里做客时具体加以仿效。你必须记住：事后多多感谢主人的热情款待，是一种非常有礼貌的具体"回报"。

**去澳大利亚人家里做客，你可以随便一点。**如果主人觉得双方关系比较亲密，到时候对方多半会带你逐一去参观其客厅、书房、卧室、起居室、花园、游泳池等处。这是对你表示友好，仿佛说你是其家中的一员，大家可以完全不分彼此。

在澳大利亚，目前虽然是多民族杂居，但相互之间通婚并不多。人们的血统观和种族观还是比较严重的。近年来，其离婚率有所上升，不过多数人还是以婚姻作为其家庭的基础。

**平时在衣着上，你完全可以把欧美人的服饰习惯搬到澳大利亚来。**上班、出现在正式场合时，你可以西服革履，但千万不能将西服穿到大街上甚至海滩等旅游景点去。其实，你只要稍加留意就会发现：在室外活动的人，以及人们在其运动、购物、游玩时，从来都不会莫名

其妙地穿上西服套装、女式晚装礼服。在那时，你不妨代之以运动服、休闲装等比较随意且舒适的便装。

在澳大利亚，你往往还会见到澳洲的土著人。不过从服饰上看，他们已有相当一部分西化了。在其衣着、语言等方面，已经与欧美人差异不大。

**至于那些还在乡野生活的土著人，则平时往往习惯于赤身裸体。**他们至多也只是在腰间围一小块长布，外面再加上众多的装饰物。在一些节日里，他们还会带上一些有特定含义的装饰品，甚至在身上涂满各种颜料。你可不要对此少见多怪。

**从饮食上讲，澳大利亚的风味食品是颇具特色的。**他们一般爱吃牛、羊肉、鸡、鸭、蛋和野味等。也许因为是一个英联邦国家，其菜肴的口味类似于英国，喜欢清淡，讲求花样变化，不食辣味。

目前，澳大利亚人对中国菜非常感兴趣。有机会的话，你不妨给自己的朋友露上一手。

平常，他们还特别爱吃煎蛋、炒蛋、冷盘、火腿、虾、鱼以及西红柿，等等。他们爱吃的西式大菜则有：奶油烤鱼、炸大虾、什锦拼盘、烤西红柿等等。估计这些菜的口味，你都可以接受。如果你想自己做菜，许多调料也买得到，并且其价格也不算太贵。

澳大利亚现在实行5天工作制，加上其节、假日特别多，因此在澳大利亚，你会感到这里的业余生活极其丰富。人们平时都很爱参加各种体育运动，观看体育比赛。

此外，他们还花不少时间来种花植草、读书看报、看影视、观戏剧。

**澳大利亚人最喜欢的运动，当属澳式足球、板球和游泳。**还有就是各种的水上运动，如帆板、冲浪等，这主要得益于这里长年温和的气候、漫长而优良的海岸线。那里拥有很多水上运动爱好者。

如果有机会，你还可以与他们一起打网球、橄榄球等。那里的澳洲网球公开赛作为世界高水平的网球三大赛事之一，平时吸引了众多的好手和球迷。

**在澳大利亚，你应当具有很好的环保意识。**那里不仅绿化得好，每一个城市就是一个大花园，而且人们也非常热爱修整自己的花园。此举既美化了环境，又锻炼了自己的身体。

**但是非常奇怪的是：澳大利亚人从来都不"节电"。**其公共场所的电灯，总是彻夜通明。据说，这主要是为了便于其夜里的安全监视。

曾经有一个外国人傍晚去找一个朋友，见到其家灯光灿烂，便敲门按铃，可是好半天没人答应。他极为生气，以为主人故意不开门，其实是主人那时候根本不在家。在那里，如果你将灯全关了，说不定警察会以为你的家里出了什么事故，要马上跑过来"关心"你半天。

**澳大利亚人通常还有两大嗜好：赌博和酗酒。**在全世界，澳大利亚人早已是"赌名"在外。那里的成年人要是不经常去买一些彩票、

赌券之类，反而显得很不正常。

目前在澳大利亚有许多合法的赌场，有时亲友相聚，也会去玩上两回，作为一种娱乐和消遣。

酗酒，早已成为澳大利亚的一大社会问题。在那里，饮用烈性酒的人日益增多，一些青少年也在积极地壮大其"酒民"队伍。

## 第 42 篇
## 在新西兰的你

大家好，在这一篇中，我将介绍一下你在新西兰时所需要注意有关风俗习惯与礼仪规范的具体事项。

**大洋洲的两个大国，澳大利亚和新西兰，都美得让人心动。**从澳大利亚向东南方望去，新西兰南北两岛如同一只振翅翱飞的海鸥的双翼，摇曳生姿，在海天之中散发着诱人的风采。

**新西兰的天气，是非常非常典型的海洋性气候。**平时，这个地方降水量大，阳光充足，空气更是少有的纯净，没有现代城市那沉郁的大雾和工业粉尘。其位于库克海峡旁边的首都惠灵顿，可谓是世界上最清洁的城市。

在新西兰，你一年四季都被置于满眼的葱绿之中：花树繁盛，草木常青。这里没有自然的冬天。无论是求学、旅居，还是投资、兴业，你都会有许许多多的"新发现"。

**目前，它是一个仍属于英联邦的国家，也是一个各民族移民的大熔炉。**其中，欧洲移民后裔占其总人口的73％左右。而当地土著则以毛利人为最多，占总人口的15％左右。

**新西兰是一个人口增长极为缓慢的国家，那里的老年人很多。**老年人的养老金制度已经实行了100多年，专门的老人公寓也比比皆是。你能感觉到整个社会的那种平稳、祥和的气息。

你要是准备去毛利人家里拜访，那么最好先对其习俗和礼节做一些深入的了解，免得到时不知所措。毛利人最初见到你时，会开始其独有的"挑战"仪式。

一些毛利人会列队与你相对而立，由其中一个身穿毛利族礼服、脸上画满了图案、头插羽毛、手执长矛的人，会首先向你瞪眼吐舌，并细心地观察你的表情。他们是以此举来辨别：你究竟是好人还是坏人的。

接着，对方领头者会从其腰间取下一支小木棍，放在你面前，然后细看你的反应。此时此刻，你应当不慌不忙地弯腰去拾，并用目光正视"挑战"者。这表明你是一个毫无恶意的友善之人。要是你毫不理会那根不起眼的小棍，那你可就惨了，毛利人会以为你是在向他们挑战，是气势汹汹地来找他们打架呢。

只要你弯腰去拾木棍，那么对方就会高兴地接纳你这个陌生的朋友。穿着草裙，手握鲜花的毛利族妇女便开始唱歌，旁边还会有人用英语向你解说。然后你就该致词了，主要是要向他们表示友好和情意，并同他们握手。

**有时，毛利人还会与你行一种特殊的"碰鼻礼"**（在毛利语中称其为"洪吉"），即彼此以鼻子相碰。在那时候，你应当认真地与对方碰两下。第一下，是双方互通神灵之气。第二下，则表示你们拥有同呼吸、共命运的友好之情。

对以上这些，你如果能够很好地去做，那样的话，你就会成为毛利人的贵宾。他们会取出毛利人所特有的食品，如甘薯、芋头等，让你吃个饱。

**在新西兰，人们喜欢打猎、钓鱼**。可近年来，从保护环境的角度出发，对此已经有很多限制了，新西兰人视拥有环保意识为一个人基本的文明之举。因此你即使爱打猎、钓鱼，也最好慎重一点，免得别人以为你没有爱心，喜欢破坏环境。

也许是受以前的移民开拓精神的影响，新西兰人喜欢自己动手来干活。当你在这里的时候，最好多学一学手艺。

例如，那里的一个三口之家，往往会花上一些假日的时间，在郊外盖一座小木板房。除了上班，一家人便沉浸在大自然的怀抱之中，这是怎样的一种美丽动人的意境啊！

在饮食方面，你如果对英国的饮食习惯有所了解，那在这里就不会觉得不习惯了，它们基本上差不多。

新西兰人比较喜欢油少而清淡的食物，并且非常注重菜肴的色、香、味。在进餐前，他们总先来一点酒开胃。在新西兰，最受欢迎的是啤酒。在天冷时，他们也像英国人一样，爱吃瘦肉和蔬菜，爱喝浓汤。

由于它是一个典型的农牧业高度发达的国家，因此你可以在此地随便地解馋，可以"大块吃肉、大口喝（啤）酒"。这里有十分丰富的牛肉、羊肉、鸡肉、鸭肉以及蛋类，可以充分满足人们的生活需求。

**因为受英国人的影响，新西兰人平时也特别爱喝茶**。在这里，有所谓"一日六饮"的习惯：即早茶、早餐茶、午餐茶、下午茶（15点）、晚餐茶、晚茶（21点），一天通常要喝6次茶。每一次喝茶，他们都十分庄重。

许多机关、厂矿和学校里，也都专门定出了饮茶时间。在新西兰，你很容易就能找到茶馆，随时都可以进去饮茶。那里其实也是新西兰人进行日常交往的一种场所。你不妨多多地涉足其中，一方面可以认识许多朋友，另一方面许多事情也正是在大家的边饮、边谈之中就做成了。你干嘛不去尝试一下呢？

从新西兰进口的产品的具体品种可以看出，茶叶占了很大比重，新西兰人的爱茶显然是非常够水平的。这一点，会使喜爱饮茶的你感到知音无处不在吧？

# 后 记

当代美国著名的国际关系学学者亚历山大·温特曾经说过:"一个国家,除了生存、独立与经济发展等三种基本的国家利益之外,还必须拥有第四种国家利益,即自尊,即其民族的集体自尊。"他的此番论断,早已在国际交往中成为人们的共识。

孔子有道:"礼者,敬人。"所谓国际礼仪,即人们在其涉外交往中用以维护自尊,并用以尊重其交往对象的一系列的行为规范。依照中国古代典籍《素书》的说法:"礼者,人之所履。不安于理,便多乖违之象,故以安礼结之。治身、治家、治智,舍此不可。"

所谓人同此心、事皆此理,当前人与人之间进行国内交往必须遵守礼仪规范,进行国际交往亦应有其礼仪规范可以遵循。

现在所呈现给各位读者的这部作品,就是我撰写的一部有关国际礼仪规范的谈话体专著。本书的具体特点有四:

其一,其适用对象,为我国从事各种涉外活动的人员。

其二,其适用范围,为国与国之间所进行的各类具体的双边性、多边性国际交往。

其三,其基本内容,为国际交往的一般性规则与当代世界上一些主要国家的风俗习惯。

其四，其写作方法，则为跨文化研究法与比较研究法。

由于本书依旧由我以往所做的相关的礼仪讲座、报告的记录稿汇集、整理而成，并且需要与其他业已正式出版的几部礼仪金说系列图书在总体风格上保持一致，故其种种不足仍然在所难免，甚至不乏明显的疏漏之处。因此，恳请各位专家、学者与广大读者见谅，同时恳请大家多多指教。

作　者

图书在版编目（CIP）数据

国际礼仪/金正昆著.—北京：北京联合出版公司，2013.2（2020.10重印）
（礼仪金说）
ISBN 978-7-5502-1376-0

Ⅰ．①国… Ⅱ．①金… Ⅲ．①礼仪－世界 Ⅳ．①K891.26

中国版本图书馆CIP数据核字(2013)第030820号

## 国际礼仪

出版统筹：新华先锋
责任编辑：丰雪飞
特约编辑：林　丽
封面设计：先锋设计
版式设计：左巧艳

北京联合出版公司出版
（北京市西城区德外大街83号楼9层 100088）
三河市东兴印刷有限公司印刷　新华书店经销
字数248千字　787毫米×1092毫米　1/16　22印张
2013年6月第1版　2020年10月第4次印刷
ISBN 978-7-5502-1376-0
定价：59.00元

未经许可，不得以任何方式复制或抄袭本书部分或全部内容
版权所有，侵权必究
本书若有质量问题，请与本社图书销售中心联系调换
电话：010-88876681 010-88876682